四川职业技术学院文库 · 百年校庆

民营中小企业
财务管理创新研究

Minying Zhongxiao Qiye
Caiwu Guanli Chuangxin Yanjiu

李成文 著

西南交通大学出版社
· 成都 ·

图书在版编目（ＣＩＰ）数据

民营中小企业财务管理创新研究 / 李成文著. —成
都：西南交通大学出版社，2018.10
（四川职业技术学院文库. 百年校庆丛书）
ISBN 978-7-5643-6492-2

Ⅰ. ①民… Ⅱ. ①李… Ⅲ. ①民营企业 – 中小企业 –
企业管理 – 财务管理 – 创新管理 – 中国 Ⅳ.
①F279.245

中国版本图书馆 CIP 数据核字（2018）第 235662 号

四川职业技术学院文库·百年校庆丛书

民营中小企业财务管理创新研究

李成文 著

责任编辑	孟秀芝
特邀编辑	宋嘉慧
封面设计	曹天擎
	西南交通大学出版社
出版发行	（四川省成都市二环路北一段 111 号 西南交通大学创新大厦 21 楼）
发行部电话	028-87600564　028-87600533
邮政编码	610031
网　　址	http://www.xnjdcbs.com
印　　刷	四川煤田地质制图印刷厂
成品尺寸	170 mm × 240 mm
印　　张	9
字　　数	162 千
版　　次	2018 年 10 月第 1 版
印　　次	2018 年 10 月第 1 次
书　　号	ISBN 978-7-5643-6492-2
定　　价	68.00 元

序

　　在大众创业、万众创新的背景下，中国经济活力得到进一步释放。社会主义市场经济体制的确立为无数中小企业的诞生、发展、壮大创造了政治条件和法律保障。中国特色社会主义制度中的民营企业是公有制经济的有效补充，在创造就业、繁荣经济中起到了相当重要的作用。事实上，无数的成功案例正在激励着无数的中国人为实现中华民族伟大复兴中国梦创造自身的价值，无数的中国人正在满怀激情地投入创业之中，在国家宏观经济政策、法律制度越来越健全的情况下，企业的产生、发展得到了强有力的支持。

　　但是，仅有国家的政策支持和创业者的激情，一个初生的民营企业要持续健康地发展是很难的。正是因为如此，我们才看到在中国这块充满创业激情的热土上，每天都有无数的小企业诞生，也有无数的中小企业倒下。其实经营一个企业，是需要有科学的管理才可能成功的。而在整个企业管理中，企业财务管理是管理的重心。由于部分创业者对财务管理缺乏足够的重视，观念陈旧，又因为高级财务管理人才的缺乏，很多企业在财务活动中缺乏科学性和足够的前瞻性，部分很有前途和创新性的企业就这样慢慢夭折了。如何帮助这些企业提高财务管理的科学性，是每一个从事相关研究的专家学者的职责。

　　四川职业技术学院副教授李成文同志长期关注中小企业发展，在对四川省教育厅项目"遂宁市中小企业服务体系创新研究"进行研究的过程中，他走访和调查了许多民营中小企业，发现许多企业财务管理混乱，能盈利的企业降低了自身的盈利率，而有些企业由于财务管理混乱，正在苦苦挣扎。李成文同志以学者应有的学术眼光和经济学学者应有的社会责任感系统研究民营中小企业财务管理问题，在百忙之中撰写了此著作。

　　在作者与我交流其思想和看法的时候，我就非常欣赏其学术眼光和社会责任感。著作初稿出来之后，我有幸得到了初次拜读的机会，在整个阅读过程中，我被其著作中的真知灼见和创新观点所吸引。在我看来，本著作理论研究系统全面、科学严谨，为相关专业进一步研究开辟了全新的视角。不仅如此，实践方面，如果广大的民营中小企业管理人员能认真阅读并吸纳本著作的相关指导建议，必将对企业本身的发展产生重大的指导意义。李成文同志请我为本成果的正式出版与广大专家学者见面发表意见。我本人很高兴为广大读者朋友推荐这本学术性和现实针对性都极强的著作。

周光宁

2017 年 9 月 25 日

目　录

1 绪 论

　　中国共产党第十九次全国代表大会的召开，习近平中国特色社会主义思想为中国民营经济的发展创造了又一个春天，民营中小企业的发展、壮大与繁荣必将为中华民族伟大复兴中国梦的实现贡献应有的力量。积极响应党中央的正确决策，大力发展民营中小企业是当前我国地方政府繁荣经济的重要手段。在国家鼓励创新创业政策的引导下，在实现中华民族伟大复兴中国梦的激情感召下，有创造力、有意志力的中国创业者大量涌现，在这股伟大时代激情浪潮的影响下，不少创业者通过自己的努力和专业手段获得了成功。同时，科技发展的日新月异，"互联网+"时代的到来，改变着人们的生活方式，改变着人们的思维方式和行为模式，同时也改变了很多人的创业模式。传统的民营企业在逐步发展壮大，互联网企业又迅速崛起。这的确给中国经济带来了无限生机。这是一个充满机遇的时代，同时也是一个充满挑战的时代，有无数的人会在其中实现自己的梦想，但是，也有人会在这股浪潮中败下阵来。作为理论工作者，我们感兴趣的是他们如何获得成功，又如何败下阵来。为了查找原因，我们有目的地调查了周边各种类型的民营中小企业，调查发现，导致不少创业者败下阵来的原因可能是多方面的。如项目选择是否对接市场需求，企业融资能力的可持续性，人力资源成本供给是否合理等都可能是不少企业败下阵来的原因。但是，我们不能回避的一个问题是，有些本来很有希望的企业最终败下阵来，是由于自身管理出了严重的问题，特别是处于核心地位的财务管理。从专业的角度看，财务管理是民营中小企业管理的核心内容，民营中小企业财务管理水平决定了其生命力和发展前景。在当前背景下，加强民营中小企业财务管理创新研究，帮助民营中小企业理清财务管理思路，寻找财务管理的创新点和突破口，有着非常重要的理论意义和现实意义。本部分主要阐述本书的选题背景及意义，国内外研究现状、研究对象、思路、方法、研究的创新点。

1.1 研究背景及实践意义

举世瞩目的中国共产党第十九次全国代表大会于 2017 年 10 月 18 日上午在北京人民大会堂开幕。党的十九大是在全面建成小康社会关键阶段、中国特色社会主义发展关键时期召开的一次十分重要的大会，对鼓舞和动员全党全国各族人民继续推进全面建成小康社会、坚持和发展中国特色社会主义具有重大意义。习近平总书记在党的十九大报告中指出："我国经济已由高速增长阶段转向高质量发展阶段。"这是根据国际国内环境变化，特别是我国发展条件和发展阶段变化对中国特色社会主义经济建设作出的重大判断和重要指示，是我们从事各项经济研究的出发点。

当前，发展壮大民营经济，发展民营创新型中小企业必须向追求高质量和高效益增长的模式转变，积极适应新的经济形势、新的经济环境。"高质量发展阶段，是建立在改革开放 40 年发展成果基础之上的，是中国人从追求'温饱'到追求'美好生活'的历史性转折。高质量发展阶段的着力点是'实体经济'，主攻方向是'提高供给体系质量'。与之相适应，经济结构优化，创新驱动发展，城乡协调发展，加强国际合作，推进经济体制改革等因素相互影响，将建设现代化经济体系提上日程。建立符合中国国情的现代化经济体系，在国家现代化建设和国际竞争中赢得主动，是党中央顺应新时代经济建设要求所作出的重大决策部署。"①从当前宏观经济层面分析，我们可以科学地得出如下结论：如果通过短期刺激政策长期化等措施片面推高增长速度，只可能导致债务杠杆率持续提高、产能过剩难以出清、房地产库存继续增加等严重问题，孕育更大的金融经济风险。从经济周期演变的自身规律来分析，要保持我国经济持续健康发展，必须推动经济发展质量变革、效率变革、动力变革，提高全要素生产率，从简单追求速度转向坚持质量第一、效益优先，从微观层面不断提高企业的产品和服务质量，提高企业经营效益。要坚持以供给侧结构性改革为主线，加快转变发展方式、优化经济结构、转换增长动力，加快推动产业结构升级，增加中高端产品和服务的供给，不断提高产品和服务的附加值和竞争力，在更高水平上实现供需结构的动态均衡。通过创新促进新技术、新产品和新业态发展，大力发展新兴产业，真正使创新形成的新经济动能成为推动我国经济增长的不竭动力，不断增强我国经济的创新力和竞争力。民营中小企业要紧扣新时代我国社会主要矛盾的变化，针对更

---

① 让人民成为经济发展的最大收益者 —— 中央经济工作会议引领经济社会持续健康发展[J]. 领导科学论坛，2018（4）：2.

好满足广大人民对美好生活的多样化需求，更加注重平衡发展和结构优化，以平衡发展促进结构优化和质量效益提高。

同时，要发展民营企业，让民营企业在全面建成小康社会、精准扶贫中发挥应有的作用，我们还必须加快推进有利于发挥市场对资源配置起决定性作用的市场化改革。"搞好社会主义市场经济必须遵循价值规律，利用好价格、供求和竞争三大杠杆，才能发挥市场的决定性作用，优化资源配置。"①由高速增长转向高质量发展的转变，必须努力坚持市场化改革方向，更好地发挥市场配置资源的决定性作用，大幅减少政府对资源的直接配置，这是发展阶段变化后进入新的发展阶段必然的历史选择。要以完善产权制度和要素市场化配置为重点，进一步深化市场经济体制改革，加快构建市场机制有效、微观主体有活力、宏观调控有度的现代经济体制，实现产权有效激励、要素自由流动、价格反应灵活、竞争公平有序、企业优胜劣汰。要全面实施市场准入负面清单制度，赋予企业更大的投资经营决策自主权，更好地发挥并激励市场主体的创新动力和创造活力，从宏观上不断提高全社会资源配置效率、经济整体竞争力和经济增长的可持续性，加快实现经济发展由数量和规模扩张向质量和效益提升转变。我们可以清楚地看到，党的十九大报告丰富的理论内涵和路线安排，为发展民营中小企业提供了非常好的历史机遇，我们必须抓住的关键是民营经济主体该如何充分抓住这一机遇，创造更大的价值，为繁荣社会市场经济作出应有的贡献。

在过去很长一段时间，传统经济理论达成一个普遍共识，随着自然科学的发展，科技成果会不断运用于社会生产中，社会生产力也会不断发展和提高。因此，生产组织化和社会化程度就会逐步提高，基于劳动分工的各种生产就会逐步由分散走向集中，企业的生产规模会越来越大，特别是在激烈的市场竞争中，大企业必然战胜小企业，不断挤压小企业的生存和发展空间，甚至在某些比较激进的观察者看来，中小企业会逐渐消失。然而，上述理论并不能被各国经济发展的经验事实所证实。恰恰相反，经验事实却从另一个方面证明，中小企业与大企业一样，是现代经济中不可缺少的组成部分。自企业生产组织形式诞生以来，中小企业长盛不衰。特别是当代，随着现代科技、物流及现代网络的发展，中小企业生存空间在不断地扩大，所涉及的产业也越来越多，创新性也不断地提升。那么，我们有必要追问的第一个问题就是什么原因使我们中小企业如此活跃，在解决人类需求与分工后满足劳动力本身的个性需求与全面发展方面究竟有什么贡献。

---

① 谢崇林. 市场配置资源起决定性作用的哲学思辨[J]. 改革与开放，2017（9）：6-7.

我们首先来分析中小企业存在的依据问题。在资本主义国家，在资本规模大幅度提升导致垄断经济组织出现后，很多中小企业受到了打击和排挤，这种现象曾经使学术界普遍担忧中小企业的生存环境问题。"古典经济学代表人物亚当·斯密曾推断，随着市场容量的扩大，企业的规模也会无限扩大。产业革命彻底改变了英国的经济发展水平，机器的产生并且逐渐取代人力，英国制造业的劳动生产率水平获得大幅度提升，在此过程中，使用机器的大工业企业开始逐渐替代了传统手工作坊，英国学术界中出现小企业终将被淘汰的言论。德国历史学派也认为机器代替人力会促使大企业取代小企业，小企业最终走向没落。政治经济学家马克思通过对生产关系和剩余价值的论述，论证了资本集中会导致企业规模不断扩大，小企业的生存将面临严峻的外在压力。"①但是，由于垄断经济并不完全符合自由主义经济的思想，而且在特定时期，主要资本主义国家还经受了垄断经济组织带来的严重经济破坏以及由此而来的政治后果。在资本主义世界的所谓"市场经济国家"，反垄断法也是维护自由竞争秩序的重要法律保障。研究发现，世界上有八十多个国家颁布了反垄断法律，其中发展最为完善典型的是美国。

美国反垄断方面的法律包括三部，其中最为知名的是被大家所熟知并且被公认为世界反垄断法里程碑的《谢尔曼反托拉斯法》，其余两部是《联邦贸易委员会法》和《克莱顿法》。

在美国南北战争和战后重建的过程中，美国的部分垄断资本家以惊人的速度迅速积累起了令世界瞩目的巨额财富，并通过兼并扩张等手段构建起一批对全美乃至世界经济有着巨大影响的资本帝国，比较著名的如卡纳基钢铁集团和洛克菲勒名下的标准石油公司。产业大亨们以"托拉斯"的形式将行业相同、原本存在竞争的公司予以合并，不按市场规律操纵产品的市场价格，按照实力和利益需求划分各自的市场范围。19世纪80年代至90年代，美国全国性的"托拉斯"纷纷出现，影响中小企业主的利益、干扰市场的正常竞争。由此，美国针对"托拉斯"的市场垄断行为发起的诉讼也越来越多。

一些被称为"对抗主义者"（Antagonists）的有识之士研究指出，产业巨头们正在通过"托拉斯"逐步攫取对美国社会包括经济和政治的全面控制权，并将消费者、劳动者的利益与需求置于被控制地位。1890年，在以参议员谢尔曼为首的一些国会成员的推动下，美国国会制定并通过了美国历史上第一部成文反垄断法——《谢尔曼反托拉斯法》。该法共计8条，其中最重要的第一、二条规定："任何对各州之间或与外国之间贸易或商务加以限制的合同、

---

① 谭琦. 支持我国中小企业发展的公共政策研究[D]. 成都：西南财经大学，2014.

以托拉斯等形式实施的联合或共谋，均为违法，并构成严重犯罪。……""任何个人或企业单独或与他人联合或共谋垄断或企图垄断州际或与外国之间贸易或商务的行为，即被视为严重犯罪。"①

1914年，为弥补谢尔曼法的不足，美国国会通过了《联邦贸易委员会法》，这个法案引人关注的主要内容是增加了消费者权益保护和禁止不正当竞争行为等内容，并按照法定程序确定了具体的政府行政部门负责反垄断法的执法工作。同年，美国国会又通过了《克莱顿反托拉斯法》，限制集中、合并等行为，明确了垄断违法行为的范围，并对四种不构成犯罪的不法行为作出界定。至此，美国反垄断法律形成了自身的完整体系。

实际上，主要发达资本主义国家在其自身经济发展中都遇到过同样的问题，只是各自的解决方式可能不一样而已。由此我们可以看到，在现代经济组织形式中，虽然我们需要一定的大企业，形成一定的规模经济，但是中小企业存在也是合理和必需的。甚至在某种意义上，中小企业存在的根本原因在于现代经济本身发展的要求。其主要原因可能表现在如下方面：

第一，在经济活动相当多的领域和行业，规模经济的优势作用不明显，甚至在一些如简单制造业或组装作业（家具、玩具、钟表组装业等）的特殊行业，小企业可以与大企业具有同等的效率。服务业则更为明显，相当多的服务业并不追求劳动力的聚集，更多的是需要个性的差异化服务，在这些领域里大规模生产与经营并无优势可言。

第二，"互联网+"时代的到来在使市场销售的不稳定性增加的同时，无疑也增加了大企业的库存成本，这必然有利于中小企业的存在。在市场销售波动幅度大且经常出现市场需求急剧变化的背景下，中小企业更加灵活有效，小规模、专业化程度低的设备和销售渠道比大规模、专业化程度高的企业更能适应日益个性化的市场需求变化。而高库存成本使大企业应付不稳定的市场销售时要付出极大的代价，从而抵消了大企业在生产过程中的效率。

第三，我们还要考虑在某些产业中存在小规模经济比大规模经济更有效的情况。这种情况的存在主要由于以下因素：首先是创新性需求、创新性产品的市场竞争要求产品不断推陈出新，变化品种花样、式样成了市场竞争的主要因素。"在创新性产品领域，企业面临的不确定因素更多，并且经常需要在研发、生产、销售等方面投入大量资金，企业往往面临着更为激烈的竞争环境，需要引入更为有效的激励机制。"②这种情况使大企业可能比中小企业

---

① 林斐珺. 经济危机时期美国反托拉斯法实施研究[D]. 杭州：中国计量学院，2014.
② 蔡建湖，俞凌云，韩毅. 基于收益分享契约的创新性产品供应链研发投入决策模型[J]. 科技管理研究，2016，36（12）：220-225.

效率低。其次是服务质量需求，服务性产品直接面对面的服务质量成为市场竞争的主要制胜因素。从业人员的服务质量对企业的发展至关重要。大规模经营难以对从业人员进行有效的控制与监督，或者因管理成本过高而无法实施。因此，在多数服务业，中小企业更具优势。最后，不管是创新性产品还是服务型产品都必须考虑企业的管理成本。这类小企业，所有者与经营者合二为一，对企业的经营管理直接、灵活、有效。同时，工人的劳动工资与福利又较低，因而企业的管理成本相对较低。这种情况多数见于小规模的、技术较落后的企业。

第四，随着生产力的发展，人民生活水平的不断提高，市场需求的多样化与产品的差别性问题日益凸显。在现代经济中，以工业化为基础的统一格式的大批量生产来满足大量需求的方式已经不占主导地位。小批量以差别产品来满足具有不同口味的客户群的需求日趋流行。于是，众多中小企业以其备具特色的产品和灵活机动的经营方式占据着一定的市场份额。

第五，创造性劳动能够在某些中小企业中得到更好的发挥。中小企业由于管理层次少，科层式管理的官僚气息较淡，有利于调动职工的主动性积极性与创造性。某些产业对创造性的劳动较倚重，在这些产业中，中小企业会有重要地位，如广告业、设计业、咨询业等。

第六，中小企业在新兴产业中具有较大比重。因为当一个产业兴起时，还没有一个企业能掌握足够的资源和能力占据大市场份额，此时的进入壁垒较低，许多企业纷纷进入该产业，形成众多中小企业竞相追逐的局面。在新兴产业的市场竞争中起决定作用的往往是创造性的劳动，而这正是中小企业的长处，在这种比较自由的市场竞争中，新兴产业得以蓬勃生长。

从以上分析我们可以看到，不管是资本主义社会所谓"市场经济国家"还是我们中国特色社会主义市场经济，中小企业的存在都是必然的，它是生产力发展到一定阶段的必然结果。实际上，随着经济全球化时代的到来，在各国经济依存度大幅度提升的背景下，纵观全球经济的发展情况，不管是哪一个国家，中型和小型企业都是各国经济发展的重要力量，中小企业对于推动技术进步和提高国家税收解决就业等具有不可替代的作用。

在中国，随着经济体制改革的进一步深化，中小企业在国民经济中占有的市场份额与日俱增，是整个国家经济发展不可或缺的重要组成部分。在目前的经济体制中，大部分的中小企业都是民营企业，是推动经济进步、维护社会和谐稳定的重要力量。在我国社会主义市场经济体制中，中型和小型企业是我国经济市场发展的重要参与者和推动者，创造了相当于国内生产总值60%的产品和服务价值，为国家提供了50%以上的税收收入，提供了75%以上的城镇就业工作岗位，其工业产值占全国的 60%，销售收入占全国的 57%，真正成为改革开放的实践者、经济发展的助行者、社会财富的供给者和和谐社会的构建者。改革开放几十年来，民营中小企业早已是我国经济的重要力量，是经济市场中不可或缺的一部分，在增强整个国家的综合实力、提供就业岗位、增加出口量方面作出了巨大的贡献。在目前市场竞争中，中型和小型民营企业发展受到多种因素的制约。相比大企业而言，小企业的生存发展容易遭受更多挫折，成本高效益低，企业负担重，企业后备资金不足且资金来源渠道狭窄，企业缺乏专业技术、高级人才、管理创新等，都可能成为束缚民营中小企业前进的重要因素。在这些影响民营中小企业发展壮大的众多因素中，中小企业财务的科学规范管理是保证企业发展的关键所在。任何企业想要发展都不能没有科学的财务管理，而我国民营中小企业在财务方面一直未受到应有的关注，欠缺管制、制度设置不合理、管理手段和技术比较落后、专业人才紧缺、高层管理者欠缺对财务管理科学的认识等问题在大多数民营中小企业中都有所体现。

企业财务管理中存在的问题对企业的未来前景影响巨大，这些使得民营中小企业跟不上现在经济市场中飞速前进的信息经济，对于已经改变的外部条件也做不到及时反应，造成民营中小企业与时代进步脱轨。民营中小企业能否继续生存下去并在全面建成小康社会中作出应有贡献，关键在于民营中小企业投资人和经营者对内部治理问题的重视程度，尤其是在企业财务方面。要积极融入中国特色社会主义新时代，抢抓发展机遇，各民营中小企业的管理者都应加强财务管理力度，为企业长久发展谋出路。企业财务管理工作是通过管理企业资金的方式管理企业的各个方面，其管理目的同企业成立的目的相同，都是希望企业能够可持续发展并能获得可观的利润。所以只有管理好企业财务，企业才能更好地生存。但是由于民营中小企业本身所具有的特点（构成简单、规模小、易受外界影响），其财务管理工作的现状并不乐观。目前，很多民营中小企业的拥有者单方面追求企业利润，看不见企业本身制度，特别是财务管理制度的重要性，并且思想观念落后，使仅有的管理方式跟不上社会经济中先进的管理模式，看不到企业财务存在的问题。民营中小企业的这些状况给企业生存带来了巨大的阻力。所以，在市场经济追逐过程中，只有提高对财务管理工作的重视，公司才能继续生存并加快前进的脚步。

本书就民营中小企业在财务管理方面的现状，借鉴西方国家的一些管理办法，给出了促进企业财务管理创新的建议，为中国经济的健康发展开辟了一个崭新的背景。对于民营企业自身来说，本研究有助于避免财务危机，增强企业的竞争力，也能增强中国企业参与国际市场的竞争力。

1.2 国内外研究现状

1.2.1 国外研究现状

国外学者对民营中小企业财务管理的问题做了大量的分析和研究，这些研究主要是关于中型和小型民营企业本身的特殊性质，对企业财务管理工作及企业生存状况的影响。在这些大量的研究成果中，不乏对我们有极大参考意义的真知灼见。有些学者更加注重从理论方面研究民营中小企业财务管理应当注意的问题，有些学者是从财务管理分类方面着手研究，有些学者从国家经济发展的角度分析民营中小企业财务管理中常见的一些不良现象，再分析解释其原因，也有些学者是从其本身的性质出发探索财务管理现状。众多的学者从不同的视角去审视民营中小企业的财务管理问题，提出了很多有价值的观点和解决的办法。

在国外，对于中小企业的研究最早出现在德国的创刊杂志上，这是对中小企业研究的开端。在此之后，越来越多的学者展开对中小企业及其财务管理工作的研究。此后，越来越多的经济学家和管理学家开始了对中小企业的关注，英国、美国、意大利等欧美国家陆续创办了许多只用来登报关于中小企业研究的期刊。还出现了很多很有影响力的国际交流会议，如美国的 Bobson Conference、瑞士的 Small Business Weeks 和国际小企业世界年会理事会（International Council for Small Business Annual World Conference）等。

Soltow 在 1965 年对英格兰国家的小企业进行了比较系统的研究，他最先阐明了促使小企业成长的原因，分析了有些企业生存得很好，而另一些企业却生存不下去的原因，这对以后学术界研究中小企业具有重要的影响。Soltow 的这一研究主要是实证方面的研究。相比较而言，有关理论方面的研究更多是如下的一些专家，比如弗雷德·韦斯顿，斯科特·贝斯利，尤金·F. 布里格姆编著的 *Essentials of Managerial Finance*，理查德·A. 布雷利，斯图尔特·C. 迈尔斯，富兰克林·艾伦编著的 *Principles of Corporate Finance*（Eighth Edition），理查德·A. 布雷利，斯图尔特·C. 迈尔斯，艾伦·J. 马库斯编著的 *Fundamentals of Corporate Finance*（Fifth Edition）等都对财务管理工作进行了非常深入的调查研究。此外，Carlson 等的调查表明了企业应该努力发展新型技术，这样才能促进企业不断前进。意大利研究人员 Jullen 对中小企业的存在做了大量的分析，从经济学的角度给出小企业能够盛行的原因，为中小企业发展及之后学者们的研究奠定了基础。

西方国家对中小企业财务管理的理论研究和实证研究取得了丰硕的成果，但是在竞争越来越激烈的经济体制中，民营中小企业生存面对的难题日益增多，而且由于社会性质的不同和历史的原因，西方研究的成果并不一定适用于中国。所以还需要进一步加强这些研究，需要从更多的方面考虑我国民营中小企业的各种问题，需要研究出更适合我国现在市场条件下企业生存的治理办法。

1.2.2　国内研究现状

由于历史原因，特别是计划经济的影响，相较于国外的研究而言，我国对民营中小企业财务管理的研究起步较晚。但随着我国社会主义市场经济的逐步完善，我国对民营中小企业的关注度也越来越高，越来越多的专家学者注意到民营中小企业的发展问题，成果也逐渐丰硕。对此我国学者的研究内容主要集中在民营中小企业财务管理存在问题及改进对策的研究、财务危机管理、财务风险研究、财务创新研究、财务管理模式等方面。

在我国社会主义市场经济发展过程中，对于企业管理中存在的漏洞和不足，我国有大量的学者对此进行了调查研究和详细的分析，最具代表的人物有秦华、沈彦燕、廖明舜、吴少平等。这些人对企业发展过程中存在的财务问题做了细致的调查，阐明了缘由并提出了解决办法，对推进民营中小企业发展作出了贡献。

在加强小型和中型民营企业财务治理方面的著作中，最具代表性的研究是吴少平的《中小企业财务管理》。该成果在 2003 年由广东经济出版社出版，主要具有以下几个特点：第一，强调现代企业财会人员理念的提升；第二，让会计从业人员更好地为投资者和管理者服务；第三，引用了大量的业务案例并进行了分析，突出了实用性。这些研究针对企业财务管理方面提出了许多具有研究意义的方法和意见，为企业的财务管理工作提供了依据，为企业发展奠定了基础。

学者孙鹏对中小企业所做的研究主要表现在风险方面。他的观点是：民营中小企业要想在众多企业中突破重围、脱颖而出，就要管理控制好企业的各个方面，尤其是要加强对风险的预测及规避治理。他的成果全面地分析了民营中小企业财务风险的特性，提到了可能引起危机的外在环境。他还分析了具有小企业个体特征的风险指标，提出了具体且切实可行的防范企业财务风险的措施，促使企业安全发展。

苏琦在民营中小企业的财务危机方面做了大量研究。他指出，无论在什么样的经济结构中，民营中小企业要想生存和发展，其管理者必须要建立一个能够预测企业可能存在的财务危机，诊断并能有效防范危险发生的系统部门，如此才能协助企业躲过危机而健康发展。苏琦在他的文章中，对财务危机的现象做了很深的研究，具体解释了企业在哪种情况下可能发生什么样的危机、发生财务危机的原因、处理危机的一些措施，从而有效避免或者降低企业发生财务危机的可能性。

由于我国民营中小企业具有不同的发展阶段，而且在不同时期的阶段性特征非常明显，不少学者从企业发展阶段和问题的视角进行了相关研究。

徐宪红对初创期企业财务管理问题进行了比较有见地的研究，认为：企业初创期经营的好与坏能直接影响到企业未来的发展。在企业的初创期，由于开始的业务较少，在财务方面容易出现一些问题如会计监督不到位、会计制度不健全等。这些问题的出现会严重影响到企业的发展。她还从企业初创期生产经营的特点出发，分析初创期企业财务管理中存在的问题，并且提出了几点改进的措施。她还指出，无论是在国内还是在国外，大多数的企业在初期创业时都有明显的家族性质，主要表现在企业管理人员大多都是家人或者朋友，并且身居要职和身兼数职，甚至都是互不相干的职位，比如会计与出纳；另外表现在决策独断专行，缺乏科学依据，因为权力被少数利益相关的家族成员掌握，并且企业所有者往往都不具备一些财务管理或者会计核算等专业的知识，无法进行有效的财务风险管理，极有可能导致企业偿债能力不足等一些情况发生，降低企业的资信等级，影响今后的投资项目[①]。

针对成长期财务管理问题的研究，杨盘华通过对三株药业、巨人集团和爱多经营失败等案例的研究发现，成长期企业面对的财务管理主要问题有企业融资问题、财务管理体系问题、企业财务人员素质和企业管理者管理能力问题等。对于成长期企业的财务管理，杨盘华也提出了相关建议：一是进行选择性投资，二是树立正确的财务理念，三是建立规范的财务体系，四是加强企业管理者素质和建设财务队伍。[②]

关于成熟期企业的财务管理问题，学者们见仁见智，所研究的角度和提出的观点也是百花齐放，百家争鸣。其中，李功网提出了一个"简约管理"的财务理念，即企业在管理过程中应该重点关注某些核心任务，这样可以抓住重点，不仅可以节约管理成本，而且成效明显、管理效率高。当企业进入

---

① 徐宪红. 初创企业财务管理中存在的若干问题探讨[J]. 电子测试，2016（10）：151-152.
② 杨盘华. 成长性企业财务管理问题与对策[J]. 商场现代化，2006（11）：253-254.

成熟期以及衰退期，部分经营不善的小规模企业在激烈的竞争中淘汰，经营状况良好的则逐渐成长为大型企业。[①]夏卫东总结了 2010 年之前学者们关于民营企业财务问题的研究，并发现中小企业存在的主要问题有企业融资困难，建议企业首先要加强自身长期规划，积极参与推进社会信用体系建设，营造良好的诚信环境，增强风险防范能力。其次要健全系统有效的税收筹划风险控制体系，再次要利用网络建立完善的财务信息系统，以支持财务控制系统的高效运行。最后要进行财务规范化。[②]蒋才顺也认为，中小企业存在融资困难、资金缺乏、管理模式僵化陈旧、财务人员素质不高的问题。[③]杨丽娟则从企业养生学的角度来解析中小企业财务问题，发现存在应收账款压力增大、利润空间缩小、制造业冲击较大的问题，并提出企业管理者要保持冷静、加速资金周转保持健康现金流、加速企业转型升级和加强公司治理以及加强文化建设等对策。[④]王晓玲发现中小企业存在财务管理方面任人唯亲、财务管理核算形同虚设和财务会计制度不规范等问题。[⑤]刘成高、甘时勤认为，我国中小企业在发展过程中存在企业融资困难、金融服务滞后等问题。[⑥]

关于中小企业的内部控制问题，中小企业高层一般不太重视内控建设。严惟认为，在市场经济条件下，由于中小企业受到体制和机制不完善、管理模式落后、创新能力不强等因素的影响，部分企业在生存发展过程中遇到了企业定位不准、缺乏有效内部控制、资金筹措困难、产品开发和市场拓展等直接影响生存与发展的实际困难和具体问题。[⑦]李本光认为，目前中小企业对于内部控制存在认识不足、没有设置相关制度、管理者素质低、缺乏监督机制、缺少公司质量等问题，给企业带来了巨大的财务风险。所以，提议企业应该加强内控意识、设立财务风险控制制度、提高员工素质[⑧]。从企业融资角度，易琼认为中小企业存在融资瓶颈，中小企业应该将融资与投资二者

① 李功网. 论企业生命周期视角下的中小企业简约管理论[J]. 科技与企业，2012（19）：82-84.
② 夏卫东. 民营企业财务问题研究综述[J]. 现代商业，2007（23）：101，102.
③ 蒋才顺. 我国中小企业财务管理存在的问题及对策探析[J]. 大众科技，2011（3）：127-129.
④ 杨丽娟. 基于企业养生学的中小企业经营之道[J]. 中国商贸，2011（2）：63-64.
⑤ 王晓玲. 对中小企业财务风险管理问题的探讨[J]. 中国乡镇企业会计，2013（5）：92-94.
⑥ 刘成高，甘时勤. 我国中小企业发展存在的问题及对策[J]. 西南民族大学学报（哲学社会科学版），2002（2）：149-152.
⑦ 严惟. 《企业内部控制基本规范》与中小企业的生存发展[J]. 经济研究导刊，2012（30）：36，38.
⑧ 李本光. 浅谈加强中小企业内部控制，防范财务风险[J]. 当代经济，2011（2）：80-81.

结合，通过投资来带动融资，筹资直接为投资服务，通过企业的资金运作来扭转企业资金筹集紧张的窘迫境地。他还提出筹资过程中注意资金数量上要追求合理性、融资质量上要追求效益性、资金结构上要追求配比性、资金运用上要追求增量筹资的同时更加注重存量筹资，以及筹资渠道上追求以信誉取胜。①李金泽、王雨梦分析了影响中小企业融资选择的几大因素，并认为要解决中小企业的融资问题，就应该规范企业的所有制结构，明确企业产权和规范企业的内部经营管理制度。②杨芳通过对滨海新区中小企业融资模式的研究发现，融资租赁和它的税收支持是中小企业一种新的融资方式，这样可以减少财务风险，也可以减少筹资成本。③王忻怡研究了民间金融资本与中小企业融资之间的关系，发现民间资本对于中小企业融资具有重要意义，但是由于民间资本没有进行规范约束，同时资本环境不稳定，很容易给企业带来很大的财务风险。中小企业向民间资本借贷也是因为自身信用条件不足和国内的信贷环境紧缺。同时建议中小企业应该加强自身信贷条件和担保条件，国家应该为中小企业创造一个良好的融资环境。④李洁对我国中小企业的资本结构特征进行了研究，"中小企业融资结构的缺陷主要表现在中小企业发展主要依靠自身积累、依赖内源性融资，外源性融资比重很小。对中小企业来说，资本结构的调整和优化，必须畅通各种债务资本、股权资本渠道和方式"⑤。张令娟研究信息不对称对中小企业融资约束的影响，发现"由于信息不对称造成的逆向选择行为和道德风险使银行对中小企业信贷配给非常谨慎，从而导致对中小企业成长的融资约束，严重制约了中小企业的发展"，并提出应该完善我国服务于中小企业融资的金融体系，同时加强建立有关中小企业融资的信用担保体系等建议。⑥

总体分析来看，不管是国内还是国外，都有大量的学者对企业财务管理作出研究，研究方向不同，研究过程也不同，得出的结论既有很多不同之处，也有一些共同关注的问题。相比国内研究来说，西方国家的研究成果理论性更强，而国内研究针对性更强，对企业财务管理的科学化更具有影响力。民

---

① 易琮. 中小企业融资策略浅探[J]. 财会月刊，2002（3）：17-18.
② 李金泽，王雨梦. 浅析中小企业融资选择的影响因素[J]. 东方企业文化，2012（15）：183.
③ 杨芳. 滨海新区中小企业融资新模式：金融租赁及其税收支持[J]. 特区经济，2011（2）：73-74.
④ 王忻怡. 民间金融与中小企业融资困局研究[J]. 求索，2012（9）：27-29.
⑤ 李洁. 我国中小企业资本结构特征与优化探析[J]. 企业经济，2011，30（2）：16-20.
⑥ 张令娟. 信息不对称对中小企业融资约束研究[J]. 中国管理信息化，2012，15（22）：39-41.

营中小企业在整个国家的社会构成中占有很大的比重，是维护国家和谐稳定的稳定剂。对于如此重要的民营中小企业来说，企业的财务管理更是重中之重，只有管理好企业内部的财务工作，才能促进企业整体的长久发展。

1.3 研究对象及总体思路

作者通过对大量的国内外文献资料的总结，分析当前民营中小企业在我国市场竞争中的地位，分析民营中小企业财务管理在发展中存在的问题，并找出可能引起问题的原因，进而提出解决民营中小企业财务管理问题的合理化建议。

本书的总体思路如下：

第一章，绪论。概述了文章的选题背景并描述其作用，阐述了国内外关于民营中小企业财务管理作出了哪些研究，以及本书的研究对象及研究的总体思路。

第二章，我国民营中小企业发展概况及政策支持、法律支持概况。分别从民营企业的定义、中小企业的定义出发，总结得出民营中小企业的概念，及其在整个社会经济发展中所处的地位。

第三章，民营中小企业财务管理存在的问题及原因分析。首先介绍民营中小企业财务管理的内容及其所涉及的日常工作，分析其存在的问题，主要是筹融资能力差、财务控制薄弱、缺乏先进的管理理念、财务管理职能缺失、相关制度的缺失和执行力度不够五大方面的问题；其次根据问题分析其产生的原因，主要从企业自身和企业外部市场条件两方面进行分析。

第四章，民营中小企业财务管理创新涉及要素和内容。这一部分主要研究民营中小企业财务管理创新的核心要素和关键点，为下一章路径分析和对策建议提供创新视角。内部因素最主要的就是提高企业管理人员财务意识，加强内控机制，完善财务制度，建议企业成立专门的风险机构，科学避免企业存在的各种风险。影响民营中小企业发展的主要原因是企业后备资金不足，资金来源有限。所以在企业外部环境方面，科学的民营中小企业的投融资系统是改善问题最直接的办法。本章结合其他学者的分析，为企业能更好取得融资借款，构建了数学模型——信号模型，希望该模型能帮助企业更好地发展。

第五章，我国民营中小企业财务管理创新的路径与对策。

第六章，我国民营中小企业财务管理创新效应。

1.4 学术价值及特色

1.4.1 创新点

本书对中型和小型民营企业财务管理进行了全方位的探析，针对当前中小企业财务管理方面存在的不良现象提出改善提议，并给出一些创新性建议。为了使企业能够更健康地发展，在对策上必须从多方面着手研究，既要发挥政府职能改变宏观经济环境，又要从企业本身出发强化企业内控制度，采取有效的管理方法，提高企业的综合素质。创新点表现在：本著作系统研究了我国民营中小企业财务管理的目标创新、融资创新、资本创新、风控创新、分析创新、分配创新等关键内容，并在此基础上从加强对财务管理的认识、强化企业内部控制机制、完善财务管理制度、加强资金管理控制、建立财务风险控制机制、完善投融资体系、加强民营中小企业的投资管理等方面对我国民营中小企业财务管理创新提出对策建议。

1.4.2 学术价值

中小企业发展一直是应用经济学研究的核心问题之一。中小企业财务管理创新又是会计学、管理学等学科领域采用跨学科视角关注现实经济发展的热点问题。相信本书的出版不仅可以为相关学科进一步研究提供参考，也可以为财务管理类人才培养改革提供创新理论支持。

1.4.3 特 色

本书是同类成果中较为系统研究财务管理创新的成果。比较而言，同类成果的焦点往往是中小企业财务管理的规范化、标准化；本成果的焦点是财务管理创新，以更为宏观的角度全面审视中小企业财务管理创新问题，使中小企业财务管理更加系统化、科学化。本成果坚持理论联系实际的原则，理论研究结论清晰，论证充分，对策建议切实可行，既可为相关决策部门参考，也可为相关企业财务管理创新提供专业咨询，产生实际经济效益。

2 我国民营中小企业现状分析

习近平总书记的报告站在历史和时代的高度，鲜明提出了新时代中国特色社会主义思想和基本方略，深刻回答了新时代坚持和发展中国特色社会主义的一系列重大理论和实践问题。报告中还就鼓励支持民营经济发展作出许多新的重大论述，为我国民营经济持续健康发展指明了方向，标志着我国民营经济将迎来新的历史机遇，进入一个新的发展阶段。本章在全面梳理我国大力支持民营中小企业发展相关政策的基础上，主要分析我国民营经济发展状况、行业布局状况、管理现状以及它对国民经济发展的重要意义。

2.1 党的十九大关于支持民营经济发展的重要论述

2.1.1 重申坚持"两个毫不动摇"

关于民营经济的问题，党的十五大报告在确定"公有制为主体、多种所有制经济共同发展"为我国基本经济制度的同时，明确非公有制经济是我国社会主义市场经济的重要组成部分，肯定了民营经济在社会主义市场经济中的重要作用。党的十六大进一步肯定了多种所有制经济共同发展的重要性，提出毫不动摇地巩固和发展公有制经济，毫不动摇地鼓励、支持和引导非公有制经济发展。党的十八届三中全会审议通过《中共中央关于全面深化改革若干重大问题的决定》，在全面深化改革历史进程中，进一步明确提出，公有制经济和非公有制经济都是社会主义市场经济的重要组成部分，是我国经济社会发展的重要基础。2017 年 3 月 4 日，习近平同志指出实行公有制为主体、多种所有制经济共同发展的基本经济制度，是中国共产党确立的一项大政方针。党的十九大报告指出，"必须坚持和完善我国社会主义基本经济制度和分配制度，毫不动摇巩固和发展公有制经济，毫不动摇鼓励、支持、引导非公有制经济发展。"这是党对"两个毫不动摇"方针的再次重申。"两个毫不动摇"是我国经济领域工作的一项长期的大政方针，是对我国公有制经济和非公有制经济在经济社会发展中地位的充分肯定与阐述，是我国基本经济制度的内涵，是我们党对多年来发展社会主义市场经济的经验高度总结和概括。坚持"两个毫不动摇"，对于坚持和完善基本经济制度，促进公有制经济和非公有制经济共同发展，实现全面建成小康社会和现代化强国具有重要的历史和现实意义。习近平同志再次重申"两个毫不动摇"，既表明了党的一贯立场，及时回应了社会重大关切问题，也为我国非公有制经济发展指出了光明前景，对于坚定非公有制经济人士一心一意发展企业的信心，具有十分重大的意义。

2.1.2 明确提出要支持民营企业发展

党的十九大报告指出，"要支持民营企业发展，激发各类市场主体活力，要努力实现更高质量、更有效率、更加公平、更可持续的发展"。在我国，民营企业用近 40%的资源，创造了我国 60%以上的国内生产总值，缴纳了 50%以上的税收，贡献了 70%以上的技术创新和新产品开发，提供了 80%以上的就业岗位，发展成为社会主义市场经济的重要组成部分和我国经济社会发展的重要基础。①过去，在党的历次重要会议和文件中，民营企业常用"非公有制经济"和"民营经济"来表述，概念不统一，这次十九大报告直接使用"民营企业"这一基本概念，既表明我们党对民营企业认识的逐步深化，又对民营企业为改革开放和经济社会建设作出的贡献给予高度肯定，是中国特色社会主义道路自信、理论自信、制度自信和文化自信的重要体现，必将激励我国广大民营企业为决胜全面建成小康社会作出新贡献。

2.1.3 强调发展经济的着力点是实体经济

党的十九大报告指出，"建设现代化经济体系，必须把发展经济的着力点放在实体经济上，把提高供给体系质量作为主攻方向，显著增强我国经济质量优势"。没有实体经济做支撑，虚拟经济终究是"空中楼阁"，"虚火"过旺，"虚胖"的经济体制是难以支撑经济持续高质量的快速发展。2018 年两会期

---

① 王端鹏. 新一轮机遇期来了 民企准备好起飞了吗？[N]. 济南日报，2017-12-05（F04）.

间，习近平同志指出，不论经济发展到什么时候，实体经济都是我国经济发展、在国际经济竞争中赢得主动的根基。这次党的十九大报告强调，必须把发展经济的着力点放在实体经济上，这对引导广大民营企业保持定力，坚守实体经济，做到不焦躁、不灰心、不动摇，加快技术、产品、管理、商业模式等创新，培育以创新驱动为核心的竞争新优势，安心、专心、用心创业创新，将产生积极的推动作用。

"在中国当前的经济发展过程中，虚拟经济与实体经济失衡问题正在逐渐凸显。这一问题在经济运行中的表现有：大量产业资本从实体经济行业转向金融业和房地产业，实体经济企业普遍兼经营金融业和房地产业的情况严重分散了实体企业主业经营的资源投入，削弱了实体经济的创新和升级能力。此外，政府投资导向也向虚拟经济行业倾斜，地方金融中心建设远远超出了地方实体经济发展的需要，挤占了实体经济建设资源。"①实体经济是指人通过使用工具在地球上创造的经济，包括物质的、精神的产品和服务的生产、流通等经济活动。它包括农业、工业、交通通信业、商业服务业、建筑业、文化产业等物质生产和服务部门，也包括教育、文化、知识、信息、艺术、体育等精神产品的生产和服务部门。实体经济始终是人类社会赖以生存和发展的基础。

传统观点认为，实体经济就是指那些关系到国计民生的部门或行业，最典型的有机械制造、纺织加工、建筑安装、石化冶炼、种养采掘、交通运输等。实体经济的特点可以归纳为以下四点：有形性、主导性、载体性、下降性。那么，以物质资料的生产经营活动为内容的实体经济，在国民经济发展过程中的功能又是什么呢？

其功能可以归纳为以下三点：

第一，提供基本生活资料功能。"劳动消费它自己的物质要素，即劳动对象和劳动资料，把它们吞食掉，因而是消费过程。这种生产消费与个人消费的区别在于：后者把产品当作活的个人的生活资料来消费，而前者把产品当作劳动即活的个人发挥作用的劳动力的生活资料来消费。因此，个人消费的产物是消费者本身，生产消费的结果是与消费者不同的产品。"②马克思揭示了生产消费与个人消费之间的根本区别，同时也为我们揭示了生活资料的本质特征。古往今来，乃至永远，只要有人类存在，作为劳动者的人总要吃饭、穿衣、行动、居住、看病、休闲等，而保证这些活动得以继续进行的基础，

---

① 曹文文. 中国虚拟经济与实体经济行业收入分配格局研究[D]. 武汉：武汉大学，2015.

② 马克思恩格斯全集（第 23 卷）[M]. 北京：人民出版社，1972：208.

则是各式各样的生活资料。这些生活资料恰恰是由各式各样的实体经济生产出来的。实体经济的生产活动一旦停止了，人们各式各样的生活资料和消费活动也就得不到保障。

第二，提高人的生活水平的功能。党的十九大开幕式上，习近平总书记作出全新判断：进入中国特色社会主义新时代，我国社会主要矛盾已经转化为"人民日益增长的美好生活需要和不平衡不充分的发展之间的矛盾"。从"物质文化需要"到"美好生活需要"，从"落后的社会生产"到"不平衡不充分的发展"，这一关系全局的历史性变化，是对五年来中国发展历史性成就和变革的深刻总结，也是对近40年来改革发展成果的历史回应，更是对未来中国发展方向、发展目标的精准定位。古往今来，乃至永远，人们不仅要生存，更要发展，亦即人们不仅要生活，而且还要生活得更好。中国特色社会主义新时代保证人们生活得更好的物质条件，是由各式各样的更高水平的实体经济创造出来的。实体经济的更高级的生产活动一旦停止了，人们就从根本上失去了提高生活水平的基础。

第三，增强人的综合素质的功能。古往今来，乃至永远，人们不仅要生活得更好，而且还要全面增强自己的素质，实体经济的一些特殊活动形式一旦停止了，人们也同样会从根本上失去增强综合素质的根基。

实际上，"实体经济"并不是一个经济学的专用术语，至少我们在日常生活中经常看到这样的词语，有时候这个词语甚至被应用得很通俗化。简单来说，只要是经过注册的有生产服务活动的经济组织几乎都可以算作实体经济，这其中金融服务业则是例外，大概是因为金融服务业属于特定行业，而其服务活动也有别于一般的服务业。就是这样一个非常普通甚至庸俗的概念，却在美联储的声明里日渐突出。理性思考分析这一现象，对我们坚定发展实体经济，正确处理实体经济与虚拟经济之间的关系非常重要。

次贷危机全面爆发以后，美联储就宣称"金融市场动荡没有损及实体经济"，在2007年9月18日美联储在改变立场大幅降息的声明中仍然表示"为防止市场动荡损及实体经济"，可见在2007年美联储使用"实体经济"这个词汇的频率是非常之高的，那么美联储的"实体经济"具体指什么，是否如我们日常所见到的通俗化了的概念？

美联储频繁使用"实体经济"这个词语，与之相关联的是除去房产市场和金融市场之外的部分，就美国经济数据的构成来看，其中包括制造业、进出口、经常账、零售销售等部分被美联储笼统地概括为"实体经济"。尽管不是要害部门，但"实体经济"显然对于美国市场的日常运行具有特别关键的意义，一旦"实体经济"出现震荡或反复，往往会影响到美国人的生计问题，像美联储十分关注食品价格指数和消费者核心物价指数以及库存和零售销售等指标，这说明美联储所谓的"实体经济"反映的是市场运行基本面的状态好坏。

我们还可以认为，美联储把核心能源消费这一块也排除在"实体经济"之外，理由就是美联储所谓的"实体经济健康"往往与能源价格走势相反。这样看来，美联储所谓的"实体经济"与中国的"民生疾苦"问题大同小异，不过美联储同时十分注重大中小型工商企业的运行态势等"企业疾苦"的问题。

从上述分析来看，美联储所谓的"实体经济"概念，可能与中国的实体经济概念是有一定区别的。在经济全球化过程中，世界经济结构是不断调整变化的，既有从发达国家向发展中国家的产业转移，也有发达国家夕阳产业苦苦维持起死回生的挣扎，当然还有发展中国家积极调整产业结构适应全球化这样一种趋势。那么在这样一个经济结构普遍调整的年代，美联储为什么坚持盯住"实体经济"这个概念，并为了维护"实体经济"的运行态势而不惜一切代价呢？

答案或许很简单，那就是"实体经济"尽管不包含要害部门和尖端领域，但它是一国市场稳定运行的最广泛基础，"实体经济"指标的偏差往往反映到社会生活的各个领域，并直接与民生疾苦和企业生存联系在一起，而美联储把近年来出现泡沫的房产市场和快速变化的金融市场排除在"实体经济"之外，由此也可以看出，美联储维护"实体经济"的良苦用心。

制度经济学中关于制度变迁的分类有两种，一种是强制性的，另一种则是诱致性的。"制度变迁对于经济增长的影响不是一次性的，而是一个累积性的过程，制度变迁有益于经济的持续增长。无论制度变迁的动力来自内部还是外部，在制度冲击产生之后，会在若干时期内不断修正，正是由于存在这种累积性的修正过程，制度变迁才对经济增长有正向推动作用。"[①]强制性的制度变迁多伴随剧烈的社会经济结构动荡，所以我们也可以发现西方国家经济和货币政策往往是循序渐进式的，这一点在美联储的货币政策中体现得尤为突出。

美联储特别强调"实体经济"这一概念，在我们看来并不意外，事实上欧盟等其他发达国家同样注重市场的这些日常指标。但是美欧对于中国开放市场和加快改革却显得迫不及待，与它们关注"实体经济"的初衷大相径庭，

---

① 王军，邹广平，石先进. 制度变迁对中国经济增长的影响——基于 VAR 模型的实证研究[J]. 中国工业经济，2013（6）：70-82.

尤其是人民币快速升值对中国"实体经济"领域带来的一系列剧烈影响，美欧对此绝口不提，这实际上也是对中国的一种警示。

当然，从学理上分析实体经济就必须分析虚拟经济与实体经济之间的关系，虽然从上面的讨论我们看到不同的国家和不同的学者可能所持观点并不一致。总的来说，虚拟经济与实体经济的关系可以归纳为：实体经济借助于虚拟经济，虚拟经济依赖于实体经济。

那么，到底虚拟经济指什么呢？由英语翻译过来的"虚拟经济"一词，包括证券、期货、期权等虚拟资本的交易活动（Fictitious Economy）、以信息技术为工具所进行的经济活动（Virtual Economy）、用计算机模拟的可视化经济活动（Visual Economy）等三种不同的经济活动。[①]国内学者对虚拟经济则有着不同的看法。刘骏民（1998）提出，"广义的虚拟经济是除物质生产活动及其有关的一切劳务以外的所有的经济活动，包括体育、文艺、银行、保险、其他金融机构的活动、房地产（除去建筑业创造的产值）、教育、广告业等等。狭义的虚拟经济仅指所有的金融活动和房地产业。"[②] "刘骏民的观点有其合理性和科学性，因为以盈利为目的的虚拟资本是虚拟经济的运动主体，同实物资本一样，其本性就是要在运动中获取虚拟的价值增值；虚拟经济与资本价值形态的独立运动密切联系，资本的基本形态是价值形态，而货币的虚拟化又为资本价值形态独立运动提供了良好的条件，虚拟资本脱离实物经济并以价值形态独立运动是虚拟经济虚拟属性的最根本的体现。"[③]与实体经济相对应，二者的关系可以表述如下：

第一，实体经济借助于虚拟经济。这表现为两点：首先，虚拟经济影响实体经济的外部宏观经营环境。实体经济要生存、要发展，除了满足内部经营环境外，还必须有良好的外部宏观经营环境。这个外部宏观经营环境就包括全社会的资金总量状况、资金筹措状况、资金循环状况等。这些方面的情况如何，将会在很大程度上影响到实体经济的生存和发展状况，而这一切都与虚拟经济存在着直接或间接的关系。因此，虚拟经济的发展状况如何，将会在很大程度上影响到实体经济的外部宏观经营环境。其次，虚拟经济为实体经济的发展增加后劲。实体经济要运行，尤其是要发展，首要的条件就是必须有足够的资金。事实证明，虚拟经济发展的阶段不同，对实体经济发展的影响也就不同，亦即虚拟经济发展的高一级阶段对实体经济发展程度的影

---

① 成思危. 虚拟经济与金融危机[J]. 管理评论，2003（1）：4-8，53-63.

② 刘俊民. 从虚拟资本到虚拟经济[M]. 济南：山东人民出版社，1998：4.

③ 姜琰，陈柳钦. 虚拟经济、实物经济与金融危机[J]. 西南师范大学学报（人文社会科学版），2003（2）：77-81.

响,总是比虚拟经济发展的低一级阶段对实体经济发展程度的影响要大一些。反之,则会小一些。

第二,虚拟经济依赖于实体经济。这种依赖性表现为三点:首先,实体经济为虚拟经济的发展提供物质基础。虚拟经济不是神话,而是现实。因此,它不是悬在天上,而是立足于地下。这就从根本上决定了,无论是它的产生还是它的发展,都必须以实体经济为物质条件,否则它就成了既不着天也不着地的"空中楼阁"。其次,实体经济对虚拟经济提出了新的要求。随着整体经济的进步,实体经济也必须向更高层次发展,否则它将"消失"得更快。实体经济在其发展过程中对虚拟经济的新要求,主要表现在有价证券的市场化程度和金融市场的国际化程度上。也正是因为实体经济在其发展过程中对虚拟经济提出了一系列的新要求,才使得它能够产生,特别是使得它能够发展。否则,虚拟经济就会成为无本之木。最后,实体经济是检验虚拟经济发展程度的标志。虚拟经济的出发点和落脚点都是实体经济,即发展虚拟经济的初衷是进一步发展实体经济,而最终的结果也是为实体经济服务。因此,实体经济的发展情况如何,本身就表明了虚拟经济的发展程度。这样,实体经济就自然而然地成为检验虚拟经济发展程度的标志。

综合上述,虚拟经济与实体经济之间存在着极其密切的相互依存、相互促进的关系。它们谁也离不开谁,至少在相当长的一段时期内会是这样的。

由此可见,发展实体经济首先必须正确处理两者之间的关系。既然虚拟经济与实体经济之间存在着密不可分的关系,就必须对它们进行很好的处理,不然就会影响到它们的协调发展。那么,处理虚拟经济与实体经济之间的关系有哪些原则呢?一是一视同仁原则。既然虚拟经济与实体经济有其各自独特的功能,那么虚拟经济与实体经济对整个市场经济都有促进作用。这就决定了在它们的速度发展、规模形成、比例确定、计划安排上应相互兼顾。二是协调一致原则。经济发展的实践已经并还将告诉我们,虚拟经济与实体经济,毕竟是两种性质不同的经济形式或形态,它们的运行方式、经营特点、行为规范、内在要求、营销策略、服务对象等,都是不尽相同的。在这种情况下,两者之间就有极大的可能会出现或产生矛盾。其具体表现是,要么是实体经济脱离虚拟经济而独自发展,要么是虚拟经济超越实体经济而"突飞猛进"。事实证明,后者是主要现象,其结果就是所谓的"泡沫经济"。因此,为了防止和遏制泡沫经济的产生,就必须要强调协调一致的原则。

综合上述,为了处理好虚拟经济与实体经济之间的关系,就必须坚持科学的原则,充分发挥其对实体经济的作用。

第一,促进社会资源优化配置。资本市场的价格发现功能即发现虚拟资本所代表的权益价格，是实现增量资本在实体经济各部门之间优化配置的基本工具。虚拟经济通过有效的信息揭示及相应的金融创新，可以处理因信息不对称所产生的激励问题；可以通过资产价格的信息功能来判断企业经营的好坏、投资业绩的优劣，使虚拟资本可以迅速从效益低的领域流向效益高的领域，促进优良企业的快速发展，不断对资源进行重新分配和重组，提高实体经济的运作效率。

第二，为实体经济提供金融支持。随着实体经济的不断发展，居民储蓄的不断增加会限制生产投资的增长，使许多生产过程因缺乏投资被困在没有经济效益的规模上。虚拟经济则可以其流动性和高获利性吸引大量暂时闲置和零散的资本投入到股票、债券和金融衍生品等虚拟资本上，全社会的沉淀资本就由此投入到实体经济中满足实体经济发展过程的资金需要。如银行系统通过储蓄存款将社会上的闲散资金集中起来，由贷款、投资等方式让企业在证券市场上通过发行股票、债券、票据、可转换债券等金融工具吸收社会闲散资金，满足其进一步发展之需。由于金融市场上融资渠道的拓宽、融资技术的提高、融资成本的下降，使储蓄转化为投资的渠道更通畅、更便捷，为实体经济的发展提供了坚实的融资支持。

第三，有助于分散经营风险。各项投资经营活动常会遇到来自各方面的风险，特别是当经济发展中间接融资比例过高时。关于这一点，2001年统计数据具有特殊的典型意义。中国2001年年末境内股票融资与银行贷款增加额的比例仅为9.15%，这不仅使金融风险集中于银行和相关金融机构，也加大了企业的利息支出使成本开支上升。虚拟经济的发展则为风险转换为现实收益提供了转换机制，成为规避风险的重要手段，如期货、期权等金融衍生工具产生的最初动机，就是为了套期保值和转移风险。如果没有多种多样的保值方式和避险手段，从事实体经济活动的主体就只能自己承担风险，从而使实体经济的发展受到抑制。

第四，有利于产权重组深化企业改革。虚拟经济的发展使实物资产商品化、证券化，不仅在技术上解决了实物资产转让的困难，更可以打破所有制、地区和行政隶属关系的界限，通过产权的分割、转让、组合和控制等手段加速资本流动，促进企业完善组织制度。所有权与经营权分离的组织形式，使公司管理更加科学、规范，财务制度、奖励制度更加健全。由此企业受到股东的监督、股票价格涨跌的压力以及证券监管机构的监督等的制约，只有经营管理水平高、经营效益好的企业才能在发行市场上筹集到大量资金，从而形成良好的风险控制机制和合理的财务结构。

当然，我们还必须加强对虚拟经济的研究和监管，遏制其可能产生的负面影响。

虚拟经济在发展过程中呈现出一些新的特点：虚拟性更强，自 20 世纪 70 年代后金融衍生品的不断出现使虚拟经济离实体经济越来越远，据统计，在金融市场上的外汇交易有 90%以上是与投机活动相关的；风险性更大，金融衍生工具的运用可以使较小资本控制几百倍的资金，有着明显的放大效应从而加剧风险；稳定性更差，同实体经济比较而言，影响虚拟经济变动的因素更多，其稳定性更差。如果虚拟资本在现代经济中过度膨胀则会对实体经济产生以下负面影响：

第一，虚拟经济过度膨胀加大实体经济动荡的可能性。虚拟经济若以膨胀的信用形态进入生产或服务系统，会增加实体经济运行的不确定性。特别是那些与实体经济没有直接联系的金融衍生品的杠杆效应，使得虚拟资本交易的利润和风险成倍增加，在预期风险与预期收益的心理影响下易造成投机猖獗，谋取巨额利润的同时会使微观经济主体陷入流动性困境，带来经济动荡甚至是陷入经济危机。1997 年亚洲金融危机的爆发就是受到国际投机资本的冲击。

第二，虚拟经济过度膨胀导致泡沫经济的形成。由于虚拟经济的价格形成更多会受到人们心理预期的影响，如果对虚拟资本预期过高，其价格会脱离自身的价值基础，就会导致实体经济中大多数商品的价格也脱离其价值上涨，形成虚假的经济繁荣。人们的预期收益率较高，将使大量资金从实体经济领域流向金融市场和房地产等领域，严重影响生产资源的合理配置，使得实体经济领域的生产和投资资金供给不足，企业破产频繁，金融机构出现大量呆坏账。而金融机构为了规避风险提高利率又会使更多的企业陷入困境，一旦泡沫破灭爆发金融危机，失业率上升，居民消费支出紧缩，总需求极度萎缩，将造成宏观经济的持续衰退。

第三，虚拟经济过度膨胀会掩盖经济过热。由于实体经济与虚拟经济存在着双重价格机制，在经济过热时期的通货膨胀会从商品市场转向资本市场，其间股价一路攀升，通货膨胀通过股票转移到资本市场，形成了一种掩蔽式的通货膨胀，由此掩盖了经济过热。

按照十九大的要求，当前发展实体经济是重点，也是民营中小企业创新努力的方向，主要应做到如下几点：

第一，积极推进实体经济的发展。如果没有实体经济的支撑，金融资产投资和交易的回报就没有坚实的基础，而目前国有经济发展中普遍存在着产品结构、技术结构、产业结构等不合理，资本严重固化，缺乏流动性的问题，因此我们需要对行业布局、地区结构以及国家所有制进行调整，努力推进现代企业制度，使国有资本活起来，在流动中优化配置，充分发挥其对实体经济的贡献。应通过政策性扶持、鼓励民间风险投资等多种方式，大力发展高新技术产业，加快科技成果的产业化进程，以技术商品化为特点、以市场需求为导向加快中国经济结构的调整和升级，促进实体经济的稳步发展，为虚拟经济的发展提供充分的保证。

第二，适度发展虚拟经济。在经济全球化的时代，适度发展虚拟经济有着重要意义，它有助于改造和提升实体经济。目前中国直接融资比重比较小，资本市场还不成熟，规模小，品种少，运作不够规范，金融创新也是刚刚开始。因此应当借鉴西方国家金融创新的经验，积极探索虚拟资本的新形式以及虚拟资本交易的新技术，促进实体经济的货币化和资产证券化发展。在增强防范和消除市场投资风险的同时，把开发具有避险和保值功能的各种衍生工具作为虚拟经济创新发展的重点。由于虚拟经济发展到一定程度会挤占实体经济的投资，因此我们还要注意对虚拟经济的扩张程度加以控制，依赖政府的宏观调控，通过制订相应的货币政策协调实体经济与虚拟经济的关系，引导虚拟经济向实体经济的回归。

第三，完善监管体系和制度建设。由于虚拟经济自产生之日起就蕴涵着内在的不稳定性，随着现代科学技术的不断发展，金融网络化电子化手段不断加强，金融交易市场呈现出较强的多变性，特别是当金融扩张超过了经济贸易的增长速度时，以资金融通和投机牟利为目的的资本运动使经济中的泡沫成分增加，若没有完善的监管体系，必然影响实体经济的稳定发展。我们应加强对银行资本充足率、资产流动性、风险管理的监督，建立公众监督、舆论监督机制。同时要规范证券市场的操作，加强对国际游资的管理，监控金融衍生工具的虚拟和投机。我们要有步骤、分阶段地推进虚拟经济各层次的发展，审慎有序地开放金融市场。

2.1.4 打破行政性垄断、建立统一市场和公平竞争机制

党的十九大报告指出："全面实施市场准入负面清单制度，清理废除妨碍统一市场和公平竞争的各种规定和做法。深化商事制度改革，打破行政性垄断，防止市场垄断，加快要素价格市场化改革，放宽服务业准入限制，完善市场监管体制。要使市场在资源配置中起决定性作用，更好地发挥政府作用。"党的十八届三中全会明确提出，要坚持权利平等、机会平等、规则平等，废除对非公有制经济各种形式的不合理规定，消除各种隐性壁垒，制定非公有制企业进入特许经营领域具体办法。"三个平等"的提出，体现了党和国家下

壮大中推动经济的持续发展和产业结构的持续升级。[①]我国 90%以上的民营企业是中小微企业。当前，世界新一轮科技革命和产业变革正在孕育兴起，许多中小企业充分发挥创新能力强、机制灵活、市场敏锐的优势，紧紧依靠技术创新，主动对接国际先进技术水平，在市场比较低迷的情况下，仍显示出较强的生机和活力。按照党的十九大精神的要求，引导中小企业加大研发投入力度，努力掌握关键核心技术和自主知识产权，特别是要通过技术创新带动产品创新和生产经营模式创新，努力将价值链向研发、标准制定、销售服务等方面拓展，发挥科技创新在全面创新中的引领作用，不断开发新技术、涉足新领域、推出新产品，通过产品创新引领消费创新。

2.1.6　支持传统产业优化升级

党的十九大报告指出，支持传统产业优化升级，加快发展现代服务业，瞄准国际标准提高水平。当前，我国经济已由高速增长阶段转向高质量发展阶段，正处在转变发展方式、优化经济结构、转换增长动力的攻关期。在这种情况下，传统企业要实现持续健康发展，必须把握顺应发展大势，结合自身所处的行业发展和企业自身实际，走转型优化升级之路。按照党的十九大精神的要求，推动民营企业中的传统产业大力开展技术创新和技术改造，向价值链高端提升；推进工业化信息化融合，提升智能制造水平；注重质量品牌建设，提升制造品质和企业竞争力；通过投资项目转移产能和合作，利用技术、管理、产品等优势进军海外，获取更大的发展空间和优势。

2.1.7　完善产权制度和要素市场化配置

党的十九大报告指出，经济体制改革必须以完善产权制度和要素市场化配置为重点，实现产权有效激励、要素自由流动、价格反应灵活、竞争公平有序、企业优胜劣汰。近几年来，在一部分企业家中弥漫着一种"小富即安，大富难安"的情绪。这背后其实有深层的隐忧。对于财产权的保护，成为民营企业最为关心的问题之一。党的十八届三中全会明确提出，公有制经济财产权不可侵犯，非公有制经济财产权同样不可侵犯。在此基础上，党和国家不断推进平等保护各类所有制经济产权的法治化进程。2016 年 11 月，中共中央、国务院发布《关于完善产权保护制度依法保护产权的意见》，明确了平

---

① 张飞扬. 经济新常态下中小企业的创新发展研究[J]. 经贸实践, 2018(3): 195-196.

等保护、全面保护、依法保护、共同参与、标本兼治六项原则。党的十九大报告又一次强调完善产权制度，标志着我国坚持和完善产权保护制度的伟大实践将进入一个新的发展阶段，为广大民营企业安心、专心、用心谋发展创造更加有利的制度环境。

所谓产权制度，是指既定产权关系和产权规则结合而成的并且能对产权关系实现有效的组合、调节和保护的制度安排。产权制度的最主要功能在于降低交易费用，提高资源配置效率。

产权既是一个古老的概念，也是一个发展的概念。现代企业产权制度就是人类社会经济长期发展的结果。从私有财产的出现到市场经济的确立这几千年的历史中，产权一直被视为仅仅是一个法律上的概念，指的是财产的实物所有权和债权，它侧重于对财产归属的静态确认和对财产实体的静态占有，基本上是一个静态化的范畴。而在市场经济高度发达的时期，这一法律意义上的产权概念已经日益深化，其含义比原来宽泛得多。它更侧重于从经济学的角度来理解和把握，侧重于对财产实体的动态经营和财产价值的动态实现，不再是单一的所有权利，而是以所有权为核心的一组权利，包括占有权、使用权、收益权、支配权等。

而现代产权制度是权、责、利高度统一的制度，其基本特征是归属清晰、权责明确、保护严格、流转顺畅。产权主体归属明确和产权收益归属明确是现代产权制度的基础；权责明确、保护严格是现代产权制度的基本要求；流转顺畅、财产权利和利益对称是现代产权制度健全的重要标志。

建立归属清晰、权责明确、保护严格、流转顺畅的现代产权制度，是市场经济存在和发展的基础，也是完善基本经济制度的内在要求。当前我国经济社会发展中出现的一些矛盾和问题，都直接或间接地涉及产权问题。建立健全现代产权制度，是实现国民经济持续快速健康发展和社会有序运行的重要制度保障。

近年来要素市场化改革的呼声不断高涨。在商品市场已经基本实现市场化的背景下，劳动力、土地、资金、技术、信息等生产要素的市场化改革也迫在眉睫。党的十九大报告中，要素市场化和完善产权制度一起被确定为经济体制改革的两大重点内容，也被视为现代化经济体系建设的应有之义。在各类生产要素中，土地作为一种重要的基础性资源，在中国工业化和城镇化进程中扮演着重要角色，与政府财政、房价波动、农村发展、社会治理紧密关联，是理解"中国模式"的关键。然而土地问题的复杂性也使得其市场化进程面临多重掣肘，发展相对滞后。土地市场化如何破局，这不仅关乎要素市场化改革的全局，对于未来的社会经济发展模式也将产生深远影响。

2018 年 3 月 5 日国务院总理李克强在第十三届全国人民代表大会第一次会议作政府工作报告中提出，加快技术、土地等要素价格市场化改革，深化资源类产品和公共服务价格改革，打破行政垄断，防止市场垄断；大力实施乡村振兴战略，全面深化农村改革，探索宅基地所有权、资格权、使用权分置改革等。

2.1.8　激发和保护企业家精神

党的十九大报告指出，"激发和保护企业家精神，鼓励更多社会主体投身创新创业。建设知识型、技能型、创新型劳动者大军，弘扬劳模精神和工匠精神，营造劳动光荣的社会风尚和精益求精的敬业风气"。党的十八大以来，党中央非常关心我国企业家队伍成长和作用的充分发挥，高度重视大力培育企业家精神促进民营经济高质量发展。特别是 2017 年 9 月，中共中央、国务院印发《关于营造企业家健康成长环境弘扬优秀企业家精神更好发挥企业家作用的意见》，充分体现了以习近平同志为核心的党中央对企业家群体、企业家精神、企业家作用的高度重视。党的十九大报告再次强调，激发、尊重、保护企业家精神，对于全社会正确认识和弘扬优秀企业家精神，营造尊重企业家、尊重纳税人、尊重创新创业者的良好环境，有效激发市场主体活力，促进经济社会平稳健康发展具有十分重要的意义。民营中小企业要诞生一批又一批的企业家就必须大力保护企业家精神。

"企业家"这一概念由法国经济学家让-巴蒂斯特在 1800 年首次提出：企业家就是将经济资源从生产率较低的地区转移至较高地区的行为。[1]也就是说，企业家的主要任务是使经济资源的效率由低转高。企业家精神指具有优秀综合素质、以各种企业活动为发展空间、具备科技哲学内涵的精神特征的企业经营者们在长期的企业管理过程中自发的、相对稳定的具有主观能动性特点的品质被称作企业家精神。[2]实际上，企业家精神就是企业家特殊技能（包括精神和技巧）的集合。或者说，企业家精神指企业家组织建立和经营管理企业的综合才能的表述方式，它是一种重要而特殊的无形生产要素和创造力。例如，伟大的企业家、索尼公司创始人盛田昭夫和井深大，他们创造的最伟大的"产品"不是收录机，也不是栅条彩色显像管，而是索尼公司和它

---

① 巴蒂斯特·萨伊. 政治经济学概论[M]. 赵康英，符蕊，译. 香港：华夏出版社，2014：58.

② 李智临. 企业家精神研究[D]. 沈阳：沈阳师范大学，2017.

所代表的一切；沃尔特·迪斯尼最伟大的创造不是《木偶奇遇记》，也不是《白雪公主》，甚至不是迪斯尼乐园，而是沃尔特·迪斯尼公司及其带给观众快乐的超凡能力；萨姆·沃尔顿最伟大的创造不是"持之以恒的天天平价"，而是沃尔玛公司——一个能够以最出色的方式把零售要领变成行动的组织。西方发展到 19 世纪，人们将企业家具有的某些特征归纳为企业家精神，在英文术语使用上，企业家（Entrepreneur）和企业家精神（Entrepreneurship）常常互换。

长期以来，企业家的概念通常是从商业、管理及个人特征等方面进行定义。进入 20 世纪后，企业家概念的抽象——企业家精神的定义就已拓展到行为学、心理学和社会学分析的领域。而在当今西方发达国家，企业家转到政府或社会组织工作的现象非常普遍，也不断提出和实施用企业家精神来改造政府服务工作和社会管理工作。

彼得·德鲁克承继并发扬了熊彼特的观点。他提出，企业家精神中最主要的是创新，进而把企业家的领导能力与管理等同起来。他认为，企业管理的核心内容是企业家在经济上的冒险行为，企业就是企业家工作的组织。

世界著名的管理咨询公司埃森哲，曾在 26 个国家和地区与几十万名企业家交谈。其中 79%的企业领导认为，企业家精神对于企业的成功非常重要。其研究报告也指出，在全球高级主管心目中，企业家精神是组织健康长寿的基因和要穴。正是企业家精神造就了第二次世界大战后日本经济的奇迹，引发了 20 余年美国新经济的兴起。那么，到底什么是真正的企业家精神呢？

创新是企业家精神的灵魂。熊彼特关于企业家是从事"创造性破坏（Creative Destruction）"的创新者观点，凸显了企业家精神的实质和特征。一个企业最大的隐患，甚至最终走向失败的原因，就是创新精神的消亡。一个企业，要么增值，要么就是在人力资源上浪费，创新必须成为企业家的本能。但创新不是"天才的闪烁"，而是企业家艰苦工作的结果。创新是企业家活动的典型特征，包括从产品创新到技术创新、市场创新、组织形式创新等内容。创新精神的实质是"做不同的事，而不是将已经做过的事做得更好一些"。所以，在某种意义上说具有创新精神的企业家更像一名充满激情的艺术家。

冒险是企业家精神的天性。坎迪隆（Richard Cantillion）和奈特（Frank Rnight）两位经济学家，将企业家精神与风险（risk）或不确定性（uncertainty）联系在一起。没有甘冒风险和承担风险的魄力，就不可能成为企业家。企业家在创业和经营之中，敢于冒险，善于冒险，才能在险峰处欣赏无限风光。冒险精神对于企业家的重要作用不容忽视，甚至是首要的。在比尔·盖茨看来，成功的首要因素就是冒险①。企业创新风险在一般意义上只有两种结果，要么成功，要么失败，只能对冲不能交易，企业家没有别的第三条道路。在美国 3M 公司有一个很有价值的口号："为了发现王子，你必须和无数个青蛙接吻。""接吻青蛙"常常意味着冒险与失败，但是"如果你不想犯错误，那么什么也别干"。同样，对 1939 年在美国硅谷成立的惠普，1946 年在日本东京成立的索尼，1976 年在中国台湾地区成立的 Acer 以及 1984 年分别在中国北京、青岛成立的联想和海尔等众多企业而言，虽然这些企业创始人的生长环境、成长背景和创业机缘各不相同，但无一例外都是在条件极不成熟和外部环境极不明晰的情况下，他们敢为人先，第一个站出来吃螃蟹。

合作是企业家精神的精华。正如艾伯特·赫希曼所言，"企业家在重大决策中实行集体行为而非个人行为"。尽管伟大的企业家表面上常常是一个人的表演（One-Man Show），但真正的企业家其实是擅长合作的，而且这种合作精神需要扩展到企业的每个员工。企业家既不可能也没有必要成为一个超人（Superman），但企业家应努力成为蜘蛛人（Spiderman），要有非常强的"结网"的能力和意识。西门子是一个例证，这家公司秉承员工为"企业内部的企业家"的理念，开发员工的潜质。在这个过程中，经理人充当教练角色，促使员工进行合作，并为其合理的目标定位实施引导，同时给予足够的施展空间，并及时予以鼓励。西门子公司因此获得令人羡慕的产品创新纪录和成长。

敬业是企业家精神的动力。马克斯·韦伯在《新教伦理与资本主义精神》中写道："这种需要人们不停地工作的事业，成为他们生活中不可或缺的组成部分。事实上，这是唯一可能的动机。但与此同时，从个人幸福的观点来看，它表述了这类生活是如此的不合理：在生活中，一个人为了他的事业才生存，而不是为了他的生存才经营事业。"物质财富和金钱只是成功的标志之一，对事业的忠诚和责任，才是企业家的"顶峰体验"和不竭动力。

学习是企业家精神的关键。荀子曰："学不可以已。"彼得·圣吉在其名著《第五项修炼》中说道："真正的学习，涉及人之所以为人此一意义的核心。"学习与智商相辅相成，以系统思考的角度来看，从企业家到整个企业必须要持续学习、全员学习、团队学习和终生学习。日本企业的学习精神

---

① 赵延军，王晓鸣. 企业家的冒险精神[J]. 中国市场，2008（27）：86-87.

尤为可贵，他们向爱德华兹·戴明学习质量和品牌管理；向约瑟夫·M.朱兰学习组织生产；向彼得·德鲁克学习市场营销及管理。同样，美国企业也在虚心学习，其企业流程再造和扁平化组织，正是学习日本的团队精神结出的硕果。

执着是企业家精神的本色。英特尔总裁葛洛夫有句名言："只有偏执狂才能生存。"这意味着在遵循摩尔定律的信息时代，只有坚持持续创新，以夸父追日般的执着，咬定青山不放松，才可能稳操胜券。在发生经济危机时，资本家可以变卖股票退出企业，劳动者亦可以退出企业，然而企业家却是唯一不能退出企业的人，正所谓"锲而舍之，朽木不折；锲而不舍，金石可镂"。

诚信是企业家精神的基石。诚信是企业家的立身之本，在企业家修炼领导艺术的所有原则中，诚信是绝对不能摒弃的原则。市场经济是法制经济，更是信用经济、诚信经济。没有诚信的商业社会，将充满极大的道德风险，显著抬高交易成本，造成社会资源的巨大浪费。凡勃伦在其名著《企业论》中早就指出：有远见的企业家非常重视包括诚信在内的商誉。诺贝尔经济学奖得主弗利曼更是明确指出："企业家只有一个责任，就是在符合游戏规则下，运用生产资源从事利润的活动，亦即须从事公开和自由的竞争，不能有欺瞒和诈欺。"

真正的企业家以企业为本位，创造财富，完善自我。但做企业的人是分层次的，首先是资本家，资本家投资的主要目的是金钱，他的社会责任感很淡。然后是实业家，实业家都是以社会责任感为本的，向国家缴税，解决了很多人的就业。真正的企业家思维定式是为了社会的，做任何没有明显的社会效益的事情是做不好的，因为资本家是做加法的，实业家是做乘法的，企业家是做加减乘除的。

2.1.9 构建"亲""清"新型政商关系

党的十九大报告指出，构建"亲""清"新型政商关系，促进非公有制经济健康发展和非公有制经济人士健康成长。党的十八大以来，党中央加大反腐败力度，依法查处了一批腐败分子和不法商人，官商勾结现象有所收敛。在个别地方一些党政干部中又出现了不敢担当、不愿与企业家联系交往的现象。2016年3月4日，习近平同志提出，新型政商关系，概括起来说就是"亲""清"两个字。新型政商关系的"亲"说明政府和企业之间需要加强合作，政治和企业的关系是服务与被服务的关系，这种关系要规做到激励有为、协作共赢；"清"则说明政府和企业要划清边界，要做到有序沟通、规范交往。构建新型政商关系对政府职能转变、企业可持续发展、形成良好的社会文化都具有十分重要的意义。①为了推动经济社会发展，领导干部同非公有制经济人士的交往是经常的、必然的，也是必需的。这种交往应该为君子之交，要亲商、安商、富商，但不能搞成封建官僚和"红顶商人"之间的那种关系，也不能搞成西方国家大财团和政界之间的那种关系，更不能搞成吃吃喝喝、酒肉朋友的那种关系。党的十九大报告再一次要求要构建"亲""清"新型政商关系，必将激励广大党政干部勇于担当、积极作为，既帮助民营企业解决发展中遇到的各种困难和问题，又守住底线不以权谋私；同时，也必将激励广大民营企业家做到洁身自好，遵纪守法办企业、光明正大搞经营，为决胜全面建成小康社会、夺取新时代中国特色社会主义伟大胜利作出新贡献。

2.2 民营经济的学理与法理分析

2.2.1 关于基本定义的探讨

我国民营经济的飞速发展引起了学界高度关注，许多学者对相关问题进行了卓有成效的研究。关于民营经济的研究对象存在三种意见。一种意见认为，民营经济包括个体经济、私营经济、外资经济、民营科技企业、乡镇企业、股份合作制企业、国有民营企业。另有意见认为，除去国有经济、集体经济、外资经济，其余的都可认为是民营经济。第三种意见认为，民营经济包括个体经济、个人独资企业、合伙企业和股份制经济。在我们看来，第一种意见把外资经济包括在民营经济里面不太合适，第二种意见未考虑财产混合所有制经济有失偏颇，第三种意见忽视了民营经济概念的特殊性在于经营主体。所以，我们认为，民营经济包括三个方面：一是民有民营经济，即个体工商户、私营企业等；二是国有、集体民营经济，即国有、集体企业采取承包、租赁、拍卖、兼并、入股等形式交给民间团体和个人经营；三是财产混合所有制民营经济，即随着产权的流动和重组，各种所有制企业的资产通过股份制等形式构建新的财产所有制结构的企业，由民间团体或者个人经营。

---

① 万黎明. "亲"和"清"的新型政商关系研究[D]. 武汉：湖北工业大学，2017.

2.2.2 法律概念分析

（1）"民营经济"一词是从经营主体角度表述的概念。由于根据经营主体划分经济类型存在困难，目前国内有不少地方不是根据经营主体划分经济类型，而是根据财产所有权来划分。例如，我国统计上划分经济类型就是根据财产所有权的归属分为公有经济（国有经济和集体经济）和非公有经济（私有经济、港澳台经济和外商经济）。

（2）我国现行法律或者政策是依据生产资料所有制性质划分经济类型，比如国有经济、集体经济、个体私营经济、外资经济等。在提及民营经济的时候，我国法律或者政策性文件一般以非公有制经济的形式表述。例如，我国宪法把经济类型分为公有制经济和非公有制经济，而非公有制经济又包括个体、私营经济等。2005 年国务院发布《关于鼓励支持和引导个体私营等非公有制经济发展的若干意见》，未使用"民营经济"一词。

（3）我国现行法律中没有明确提及"民营经济"一词的规定。通过法律检索系统检索，在我国现行法律、行政法规、司法解释数据库中没有找到针对民营经济的专门性规定（指标题含"民营经济"）。最近几年十多个省市出台了有关民营经济的专门文件，形式一般为某省（市）关于促进民营经济发展的意见之类的政策性文件,如广东省出台了促进民营经济发展的 12 项配套政策。

民营经济是从经济管理角度进行划分的一种经济形式，其基本特征主要表现在两个方面：① 从产权关系上看，具有产权主体多元化、产权明晰和利益分配明确等特征。民营企业多数为自筹资金、自由组合的经济实体，无论是个人投资、合伙投资或外商投资以及集体筹资创办的企业，其产权关系和利益关系都比较明确。② 从经营机制上看，"自主经营、自负盈亏、自我约束、自我发展"的机制比较健全。由于民营经济具有产权明晰、经济利益独立的特征，所以它能够在市场竞争中自主决策，在生产经营活动中依靠科技，不断创新，不断开发新产品，开拓新市场，以求自身的发展壮大。

2.2.3 相关基本概念

1）产　权

产权是指财产的权利，包括对财产的所有权、占有权、使用权、支配权和处置权。因为民营经济中的个体企业、私营企业和外商独资企业等企业形式对全部财产拥有独立支配的权利，具有所有权和归属权的排他性，因此都具有明晰的产权关系，这样就可以使企业成为自主经营、自负盈亏、自我约束和自我发展的市场主体。

2）经营机制

民营经济灵活的经营机制是建立在自主经营、自负盈亏、自我约束和自我发展以及对财产的所有权、占有权、使用权、支配权和处置权的基础之上的，具有高度灵活的经营决策权、资产支配权、用人选择权、内部分配权，能根据市场的竞争环节，灵活应变，不断适应新的市场环境，寻求最好的发展机会，可以最大限度地规避市场所带来的风险。

3）创新能力

民营企业由于受到外在的和自身的激励与压力，能产生创新的欲望和要求，进行一系列的创新活动，而这些创新活动都是以该创新主体的利益为中心的。因为民营企业在市场经济中的基本目标就是利润最大化，而利润的多寡直接影响着企业创新的动力大小，只有在不断创新中才能获得竞争优势，不断增加利润。正是这种创新动力，促使民营企业应用创新的知识和新技术、新工艺，采取新的生产方式和经营管理模式，提高产品质量，开发生产新的产品，提供新的服务，提高市场竞争力，实现市场价值，推动国民经济的发展。

4）动力机制

民营经济的动力机制主要包括三个方面：第一，民营企业要面对外部强大的市场竞争压力。一般民营企业受自身规模和资金等因素的影响，市场竞争尤为激烈，促使企业自身不断创新，以改进和完善生产、经营和管理等方面的方法，使市场压力转化为市场动力。第二，追求利润最大化的动力。企业的生产目的是扩大再生产，而扩大再生产的终极目标就是实现企业的利润最大化，追求利润的最大化是任何一个企业，尤其是民营企业在市场经济中的首选目标。因此，这个终极目标也成为企业发展强大的推动力。第三，企业内部有较强的激励机制。由于产权关系明晰，民营企业具有高度的自主用人选择权和内部分配权，因此企业可以最大限度地引进、使用和储备人才，激励人才在企业创新中的作用。在分配上以贡献大小作为评判标准，激发员工的积极性、主动性和创造性，提高企业的劳动生产率。

5）功能互补

民营经济是在市场竞争中成长起来的，适应市场经济的制度安排，产权明晰，责权分明，经营方式灵活，自负盈亏，生产效率高，成本低。但是，民营企业一般规模不大，资金、技术、人才信息相对稀缺。民营经济与公有制经济相结合，则正好能弥补这些劣势，发扬二者的优势，这就要求民营经济与公有制经济相互渗透、取长补短、相互协作、优势互补、共同和谐发展。

2.2.4 经济作用

改革开放以来，民营经济在我国经济结构中所占的比重逐步扩大，开始发挥越来越广泛的作用。

（1）民营经济的发展有利于企业产权多元化和产权明晰，从而有利于政企分开、所有权与经营权分离。

（2）民营经济的运行机制是最接近于市场经济的运作机制，价值规律、供求规律、竞争规律在民营经济中体现得最充分，因而民营经济对于深化国有经济的改革具有一定的借鉴参考作用。

（3）民营经济的发展有利于增加供给、提高人民生活水平和生活质量。

（4）民营经济具有相对分散、规模小、易吸纳劳动力的特点，有利于增加社会就业。

（5）民营经济有利于调动多种市场主体的积极性。由于生产资料的所有制形式和经营特点不同于传统的经济形式，所以能够充分调动所有者、经营者和广大职工的积极性。

（6）民营经济的发展过程中，培养和造就了能够适应市场经济规律运作的经营、管理人才。

当然民营经济也具有一些消极作用，在有关民营经济健康发展的管理办法和法制规范尚不完善的情况下，更需要充分发挥民营经济的积极作用，克服和避免其消极作用，为民营经济的健康发展创造良好的运作环境，充分发挥民营经济在社会主义市场经济中的作用。

2.3 民营经济存在的法理基础

经济制度入宪，肇始于1918年制定、1919年8月11日生效的《德意志国宪法》。因该部宪法在魏玛地区制定，故又称为魏玛宪法（Weimarer Verfassung）。宪法中所规定的国家对经济生活的干预，与以往政府担任"守夜人"的角色相比发生了很大的变化，体现了由消极政府向积极政府转变的趋势。

我国自 1993 年宪法修正案正式确认实行社会主义市场经济后，市场作为社会资源的基础性配置的机制逐步建立和完善，特别是作为市场经济重要组成部分的非公有制经济，更是得到了长足的发展。实践证明，非公有制经济在促进国民经济发展、提高经济活力、扩大就业、创造社会财富、增加财政收入等方面有着巨大的作用，在国民经济中占有举足轻重的地位，已成为我国经济增长的重要支柱，成为社会主义市场经济不可缺少的重要组成部分。在这个背景之下，1999 年的宪法修正案在宪法原第六条中增加一款，出现了"基本经济制度"这一新概念："国家在社会主义初级阶段，坚持公有制为主体、多种所有制经济共同发展的基本经济制度，坚持按劳分配为主体、多种分配方式并存的分配制度"。

中共十六大进一步肯定和阐释了这一基本经济制度，从解放和发展生产力的高度，提出"必须毫不动摇地巩固和发展公有制经济，必须毫不动摇地鼓励、支持和引导非公有制经济发展，坚持公有制为主体，促进非公有制经济发展，统一于社会主义现代化建设的进程中，不能把这两者对立起来"。这就把公有制和非公有制同样作为社会主义初级阶段发展生产力的基本所有制形式，表明二者都是社会主义初级阶段不可缺少的所有制形式，它们不是相互排斥的，而是各自有发挥作用的领域和优势，可以相互竞争，相互补充，相互促进，共同推动社会主义社会生产力的发展。

党的十八届三中全会指出，公有制为主体、多种所有制经济共同发展的基本经济制度，是中国特色社会主义制度的重要支柱，也是社会主义市场经济体制的根基。公有制经济和非公有制经济都是社会主义市场经济的重要组成部分，都是我国经济社会发展的重要基础。这是我们党总结改革开放 30 多年特别是近 20 年来发展社会主义市场经济经验作出的重要论述，是对我国基本经济制度认识的深化。

党的十八届三中全会通过的《中共中央关于全面深化改革若干重大问题的决定》还从积极发展混合所有制经济、推动国有企业完善现代企业制度、支持非公有制经济健康发展等方面，对完善基本经济制度作出了全面部署。认真学习和深入贯彻十八届三中全会的决策部署，对于完善社会主义市场经济体制，不断发展社会生产力，具有十分重要的意义。

积极发展混合所有制经济，是不断壮大我国社会主义市场经济体制根基的重要任务。

2.3.1 允许更多国有经济和其他所有制经济发展成为混合所有制经济

着力改善国有企业股本结构，实现投资主体和产权多元化。支持民营企业和外资企业等非公有制企业通过参股、控股或并购等多种形式依法参与国有企业的改制重组。推动民营企业引进国有资本或其他社会资本，优化产权结构。政府新投资项目要鼓励非国有资本参股。允许混合所有制经济推行企业员工持股，形成资本所有者和劳动者利益共同体，充分调动员工的积极性，分享企业发展的成果。

2.3.2 完善国有资产管理体制

完善国有资产管理体制是推动国有经济发展混合所有制经济的重要体制基础。以管资本为主加强国有资产监管，改革国有资本授权经营体制，组建若干国有资本运营公司，支持有条件的国有企业改组为国有资本投资公司，以推进国有资本合理流动。国有资本投资运营要服务于国家战略目标，更多投向关系国家安全、国民经济命脉的重要行业和关键领域，重点提供公共服务，发展重要前瞻性战略性产业，保护生态环境，支持科技进步，保障国家安全。

2.3.3 完善国有资本经营预算制度

为应对人口老龄化，可以减少国有企业直接持有股份，划转部分国有资本充实社会保障基金。提高国有资本收益上缴公共财政比例，是国家以所有者身份对国有资本实行收益分配的重要体现。中央企业从 2007 年开始上缴红利，如资源性行业 10%，一般竞争性企业 5%。2012 年，中央企业实现净利润 11 093.5 亿元，中央国有资本经营利润收入 950.64 亿元，国有资本收益平均上缴公共财政比例为 8.57%。按照财政部有关规定，纳入中央国有资本经营预算实施范围的中央企业税后利润（净利润扣除年初未弥补亏损和法定公积金）的收取比例分为 5 类执行：第一类为烟草企业，收取比例 20%；第二类为石油石化、电力、电信、煤炭等具有资源垄断型特征的行业企业，收取比例 15%；第三类为钢铁、运输、电子、贸易、施工等一般竞争性行业企业，收取比例 10%；第四类为军工企业、转制科研院所、中国邮政集团公司、2011年和 2012 年新纳入中央国有资本经营预算实施范围的企业，收取比例 5%；第五类为政策性公司，包括中国储备粮总公司、中国储备棉总公司，免缴国有资本收益。符合小型微型企业规定标准的国有独资企业，应交利润不足 10 万元的，比照第五类政策性企业，免缴当年应交利润。中央国有资本经营收入调入公共财政预算用于社会保障等民生支出 50 亿元。党的十八届三中全会明确要求，提高国有资本收益上缴公共财政比例，2020 年提高到 30%，更多用于保障和改善民生。

推动国有企业完善现代企业制度。进一步完善公司法人治理结构；提高公开透明度，向行业监管部门和社会公众公布企业运营的相关信息；建立长效激励约束机制，强化国有企业经营投资责任追究；探索推进国有企业财务预算等重大信息公开。

国有企业总体上已经同市场经济相融合，必须适应市场化、国际化新形势，以规范经营决策、资产保值增值、公平参与竞争、提高企业效率、增强企业活力、承担社会责任为重点，进一步深化国有企业改革。

1）准确界定不同国有企业功能

不同类型或者不同领域的国有企业所担负的功能不同，有的担负社会公共职能，有的负有保障国家经济安全职能，有的直接以盈利为目的。国有资本要加大对公益性企业的投入，在提供公共服务方面作出更大贡献。国有资本继续控股经营的自然垄断行业，实行以政企分开、政资分开、特许经营、政府监管为主要内容的改革，根据不同行业特点实行网运分开、放开竞争性业务，推进公共资源配置市场化。对自然垄断业务，要按照独立性原则设立监管机构，对它实行特许协议性契约化管理。对自然垄断行业中的竞争性业务，要引入竞争机制，进一步破除各种形式的行政垄断。

2）健全协调运转、有效制衡的公司法人治理结构

要在进一步推动国有企业产权多元化的基础上，完善公司法人治理结构。对自然垄断行业国有企业，要增加外部董事占董事会的比重，以防止内部人控制。要进一步提高公开透明度，向行业监管部门和社会公众公布企业运营的相关信息，加强外部公众监督。对竞争性行业国有企业，要建立职业经理人制度，更好发挥企业家作用。要深化企业内部管理人员能上能下、员工能进能出、收入能增能减的制度改革。建立长效激励约束机制，强化国有企业经营投资责任追究。探索推进国有企业财务预算等重大信息公开。

国有企业要合理增加市场化选聘比例，合理确定并严格规范国有企业管理人员薪酬水平、职务待遇、职务消费、业务消费。除少数自然垄断、涉及国家安全的企业负责人实行行政任命外，其他国有控股企业原则上要建立市场化的国有企业经营管理者管理制度，对企业经营管理者实行全面的契约化管理，通

过签订合同明确对经营管理者的聘任、考核和奖惩，落实资产经营责任。

支持非公有制经济健康发展。废除对非公有制经济各种形式的不合理规定，消除各种隐性壁垒；抓紧制定非公有制企业进入特许经营领域具体办法；鼓励和支持优质民营企业以参股、合作等方式进入基础设施领域和垄断行业，以及金融、电信、铁路等服务业

党的十八届三中全会明确指出，非公有制经济在支撑增长、促进创新、扩大就业、增加税收等方面具有重要作用，要支持非公有制经济健康发展。

1）坚持权利平等、机会平等、规则平等，废除对非公有制经济各种形式的不合理规定，消除各种隐性壁垒

在行业准入方面，要对各行业的具体管理规章和办法进行清理，消除以资本实力、企业规模和从业资历等抬高行业准入门槛的做法。在获得资源、平等竞争等方面，包括获得银行贷款、土地和矿山等资源，要取消所有制限制，特别是国债资金和预算内资金要按照公平原则，合理配置给各类所有制企业。在城市户籍准入、社会保险标准、职称评定等方面，要给予与国有企业同等的政策待遇，以利于民营企业吸引高层次人才和高技能人才。

2）制定非公有制企业进入特许经营领域具体办法

在这里，特许经营是指由政府机构授权，准许特定企业使用公共财产，或在一定地区享有经营某种特许业务的权利。比如，市政公用事业实行特许经营范围包括：城市供水、供气、供热；污水处理、垃圾处理；城市轨道交通和其他公共交通；户外广告载体使用权、公共设施冠名权等。为运用市场机制配置公共资源，保障公共利益、公共安全和特许经营者的合法权益，要抓紧制定非公有制企业进入特许经营领域的具体办法，推出民营企业进入特许经营领域的范围、经营形式和期限、申请程序、权利和义务以及监管制度等。

3）鼓励非公有制企业参与国有企业改革

推动国有资本和民营资本的相互融合，发展混合所有制经济，是深化国有企业改革的有效途径，也是支持非公有制经济发展的重要措施。民营企业可以通过参股、控股或并购等多种形式依法参与国有企业的改制重组，实现股权多元化或股权社会化，把原来的国有独资企业变为多家持股甚至混合所有制的企业。鼓励和支持优质民营企业以参股、合作等方式进入基础设施领域和垄断行业以及金融、电信、铁路等服务业。

4）鼓励有条件的私营企业建立现代企业制度

建立适合于家族企业的现代企业治理结构和机制，是现阶段我国私营企

业实现更大发展的必然选择，也是进一步促进我国非公有制经济健康发展的重要基础。引导和鼓励有条件的私营企业利用产权市场，引进国有资本或其他社会资本，改善企业股权结构。鼓励发展非公有资本控股的混合所有制企业。积极利用资本市场，吸引更多的民营企业改制上市，使企业走上管理规范化轨道。

2.4　我国民营中小企业政府支持政策

如前所述，经济学领域关于民营企业的概念有两种看法。一种看法是按照所有制形式来区分，民营企业分为国有民营企业和私有民营企业。国有民营企业的产权归国家所有，经营者按市场经济的要求自筹资金、自主经营、自负盈亏、自担风险。私有民营是指个体企业和私营企业。另一种认为民营企业是民间私人投资、经营、民间私人承担经营风险、民间私人享受投资收益的法人经济实体。

从广义上看，民营企业是指与国有独资企业相对，主要包括国有持股和控股企业。因此我们可以认为，非国有独资企业即是民营企业。从狭义上看，民营企业仅是私营企业以及以私营企业为主体的联营企业。在这里，我们主要采用狭义的概念。目前，国家对民营企业的支持主要体现在以下方面：

1）推进全民创业，大力发展民营中小企业

（1）推进全民创业。政府近年来通过努力，采取多种方式积极地引导并充分调动民间创新创业的积极性：① 不限定具体创业人群，社会上只要想参与创业的，都给予大力鼓励。比如下岗失业人员想要从事创业进行个体经营的，只要不是涉及国家明确限制进入的行业，就可享受减免营业税和个人所得税等一系列税收优惠，还可以免缴各种行政事业性收费，如果没有特殊情况，所能享受的减免期限一般都是 3 年。② 建设培育创业专业市场。鼓励地方各级政府通过达到大市场、大投资、大开发的建设目标，把本地的资源都充分整合利用，开辟或扩大适合创业的专业化市场，通过各种优惠政策引导创业者进场交易，提供创业保障，提高社会创业的积极性，强化市场的集聚辐射功能，提升当地市场的影响力。③ 尤其富有意义的是我国政府还大力鼓励家庭创业。在中国这样一个典型的"关系型"社会，社会网络一直以来被认为对人们的经济行为和日常生活有着显著影响。对于家庭创业而言，社会网络可以为其提供物质资本、技术经验、重要信息以及情感支持，对其具有积极作用。①鼓励企业将简单工艺的产品工序承包给家庭进行加工，使得家庭成为劳动密集型项目的聚集地，还鼓励软件的设计与开发等新兴创意产业也进入到家庭经营的范围。经过多年的发展，大大扩大了家庭经营的市场影响力。

（2）鼓励二次创业。我国是人口资源大国，有很多人未到退休年龄就退出工作岗位。这个庞大的人群如果能在政府引导下参与创业，实现个人价值的再次利用，每年将增加一笔可观的财政收入。我国各级地方政府每年通过培训教育、提高创业积极性等让他们当中的许多人实现了再就业。政府还积极引导规模较好、成长性强的小型企业，帮助它们创新和变革企业管理模式、建立富有自身特色的现代企业制度，并最终做大做强。鼓励机关干部离岗创业。公务员若愿意辞职自发创办企业的，可获得同级财政奖励的创业资助补贴，但是只能领取一次。对于国家公务员以及事业单位工作人员，当他们的工作时间超过了 30 年，或工作时间超过了 20 年并且在五年之内就必须要退休的，如果他们有创业的想法，由本人提交书面申请，交相关的部门批准以后，可办理提前退休手续。

（3）放宽民间创业条件。国家规定，只要不是战略地位特殊的产业，或者是国家已经明确限定投资的领域，都可以让民间资本进行投资；除了国家法律法规明确规定的以外，所有的行政机关和部门都不允许再去增设有关的前置条件来限制企业的创业注册登记，这将极大地简化烦琐的审批程序。鼓励民间资本在交通、教育、卫生等凡是承诺向外资开放的领域单一或多向投资发展。民营企业还可参与到政府投资项目当中去，这些发展良好的项目反过来可为民营企业带来巨大的经济收益。降低民营企业进入市场的限制，目前注册资本只要不低于 3 万元的企业就可以向工商管理局提出申请并登记，成为一家拥有法人地位的有限责任公司；具体需缴纳的注册资金可以降低到需缴纳费用的 30%；新兴创业的公司在工商部门登记的创业资本只要高于 50 万元（除了一人有限责任公司），就可以按照规定分季度缴纳注册资本。

2）提升民营企业核心竞争力

（1）打造模范民营品牌。积极引导民营企业树立自己的特色品牌、形成良好口碑，已成为当前政府支持民营企业发展的重点工作。如江苏省镇江市就直接采取以下措施来激发民营企业的品牌意识：民营企业若主动申请国家专利和 PCT 国际专利，政府可相应给予适当资助；企业实现了技术成果产业

---

① 胡金焱，张博. 社会网络、民间融资与家庭创业 ——基于中国城乡差异的实证分析[J]. 金融研究，2014（10）：148-163.

化的专利技术，经确认后，该技术可以直接参加当地市级科技成果的评审；对于那些中国著名品牌、国家免检产品和获得中国专利优秀奖的企业，当地政府在综合考量财政的前提下，会给予一定的财政奖励，一般数额为 20 万元～50 万元，这些都可视为我国政府大力鼓励民营企业树立品牌意识的重要举措。

（2）加快信息化建设。国家近年来大力鼓励各级地方政府充分利用好现有资源，打造具有地方特色的信息技术研发成果，并且帮助企业加快建立行业产品创新设计中心，大力帮助企业破解在科技创新过程中遇到的各种企业无法用自身资源解决的技术问题，并帮助技术成果在市场上和行业间的应用。通过宣传，让企业认识到开展电子商务的重要性，使得信息技术在实践中能真正帮助解决企业设计和管理等各个环节的难题。让企业积极开展网络营销宣传，以提高产品工业水平和市场的响应速度，降低企业成本，创新企业的管理结构和提高企业的市场开拓能力。还应积极帮助当地企业建设工业园区，形成企业间的产业合作，提高区内的企业竞争力、承载能力和投资吸引力，积极改善区内服务环境，努力实现产业效益最大化。

3）加大政策扶持力度和深度

（1）加大信贷支持。为加大政策性资金投入，国家财政还设立了专项全民创业基金，其重点在于给创业者特别是民间资本提供贷款贴息、创业奖励、小额贷款担保、风险规避等服务。各级地方政府还可以给中小企业发展提供专项扶持资金，其额度可根据自身的情况相应增减。另外，政府还大力推进政府、银行和企业的三方合作，采取产品交流会等形式推动银企的合作，并规定商业银行要把创业主体的贷款条件和标准控制在可接受范围内，要完善相应的资金对接平台，提高贷款审批效率、简化贷款流程，在相同的条件下，社会的新兴创业主体的信贷需求要优先得到满足。通过在小额贷款公司进行试点实验表明，这些举措为民营企业拓宽了融资渠道，提高了信贷支持力度。

（2）加强融资担保支持。近年来，国家大力鼓励各级地方政府着力培育设施齐全、管理人员齐备、信誉较高、发展前景较好的民营企业信用担保机构。各级地方政府可以根据自行选择认定的担保机构，这些机构每年向政府提交提供给民营初创企业的年度融资服务的情况报告，政府据此适当给予一些情况良好的企业一定的资金奖励，这样的扶持有效地激发了民间创业的自信心和积极性。法律法规还规定，工商机关可为民营企业办理股权出质和动产抵押登记，中小民营企业的融资渠道不再单一，得到了极大的丰富。

（3）切实落实税收优惠政策。我国不仅出台了许多支持民营企业发展的各项税收优惠政策，并且严格要求按标准落实。自 2011 年 1 月 1 日开始进行试点，民营企业的年收入金额只要低于 3 万元，在进行应交税额计算时，可以减免 50% 计入应纳税所得额，试点时间截止到 2011 年 12 月 30 号。民营企业若是在企业内部开展产品的技术研发工作，它所投入的费用若是没有成为资产影响到公司的年度损益，公司可以据实向有关部门上报，得到大约 50% 的技术补助费用；如果已经形成资产即已经形成产品投入市场得到了一定的收益，公司可以根据它形成资产的成本的 150% 与政府进行摊销；拥有高新技术产业的企业若是经国家有关部门确认为需要进行重点培育的，那么它在缴纳企业所得税的时候，可以得到 15% 的政策优惠。在一个纳税年度以内，民营企业如果选择把它的技术成果转让给其他公司或者当地政府，所得到的转让费用如果低于 500 万元，那么企业可以免缴当年的企业所得税；超过的部分，则减半征收。

4）大力优化民营企业发展环境

（1）开发社区服务项目。国家大力支持各级地方政府依据各自的优势资源，合理地规划并为企业建设小型创业基地和提供相应设施，打造具有地方特色的楼宇经济。鼓励地方政府通过楼宇经济改造出租房和现存土地并最终慢慢形成具有社区特色的创业孵化基地，以减免租金（一般为 1~3 年）等方法，引导投资者来社区投资经营家政、养老服务、企业文化教育、社区卫生和医疗等行业。推进高效农业项目，鼓励企业把自身特有的现代高科技产业成果在农业中进行试用，造福一方，加快农村土地的流转速度，培育优势企业和农业产业经营者。

（2）完善创业咨询服务体系。市民可利用互联网全民创业信息服务平台查询到相关信息。各级地方政府可以积极利用现有的就业训练平台，通过综合考评的形式选择并成立最适合民营企业的创业服务指导中心，因此企业就可以在这些服务指导中心的服务窗口咨询企业创业的相关政策和企业运营管理的相关理念。这些服务由国家财政拨款，企业都可以免费享受，让企业真切享受到政府的"一条龙"创业服务。实施社会创业培训服务工程，免费为社会上的失业人员、大中专毕业生、失水渔民、失地农民和新增劳动力等提供创业培训服务。鼓励市场上的各种中介组织逐渐演变发展为创业服务机构。

（3）完善面向企业的技术和服务体系。政府可通过投资引进或联合办理的形式，倚靠高新技术，打造面向中小企业，为其提供各种技术服务的全方位平台。政府还鼓励科研机构和高等院校与企业展开技术资金联合，一方提供技术，一方提供资金，互惠合作、共同发展。政府还组织各级人才服务机构如猎头公司，引进国外智力服务等，优惠为中小企业搜寻专业型、综合型人才，并为其引进高效人才搭建良好的服务。

（4）进一步优化收费。我国规定物价部门在每年必须及时通过网站或其他公众平台对涉及企业收费项目、收费标准和依据等内容予以公示，而凡是未在公示项目中出现的其他内容一律不得收费。还规定除了由政府统一组织规划的公益慈善和捐赠活动外，任何政府部门和单位都不得以任何借口使得企业来提供任何的捐赠和赞助支持。除了法律法规明确规定的事项之外，任何政府部门都不得将项目审批的前提设定为企业必须选择政府制定的中介服务，而其确实需要相关中介服务的，必须由企业自主自由选择。

2.5 四川省民营企业支持政策

为推进四川省中小企业又好又快发展，四川省人民政府发布了《四川省人民政府关于进一步支持中小企业加快发展的意见》（川府函〔2010〕162 号，下称《意见》），明确要加大对中小企业的财税支持力度，自发布之日起 30 日以后施行，有效期为 5 年。

《意见》指出，一要加大财政支持。整合现有资金，建立四川省中小企业发展基金、小企业贷款风险补偿基金、创业投资引导基金、中小企业信用担保基金，发挥财政资金的引导作用，带动社会资金支持中小企业发展。逐步扩大省中小企业发展专项资金规模，重点支持中小企业技术创新、技术改造、结构调整、市场开拓、人才培训、节能减排、扩大就业以及改善对中小企业的公共服务。省以下各级政府要结合本级财力水平和实际情况，优化资金结构，加大对中小企业的支持力度。现有支持企业发展的其他专项资金对中小企业的支持原则上不低于 50%。

二要加强税收优惠。切实落实国家支持中小企业发展的各项税收优惠政策，按规定对年应纳税所得额低于 3 万元（含 3 万元）的小型微利企业，其所得税按 50% 计入应纳税所得额，按 20% 的税率缴纳企业所得税。中小企业投资国家鼓励类项目，除《国内投资项目不予免税的进口商品目录》所列商品外，所需的进口自用设备以及按照合同随设备进口的技术及配套件、备件，免征进口关税。中小企业从事技术转让、技术开发业务和与之相关的技术咨询、技术服务取得的收入，依法免征营业税。中小企业缴纳房产税、城镇土地使用税确有困难的，可按现行税收管理体制报税务机关批准，享受困难减免。中小企业因有特殊困难不能按期纳税的，经省级税务部门批准，可在 3 个月内延期缴纳。

三要加强政府采购支持。省级有关部门要尽快制定政府采购支持中小企业的实施办法和政府公共服务外包细则，明确政府采购中小企业货物、工程和服务的比例及优惠措施。建立并公布符合政府采购资质条件的中小企业供应商备选库，进一步完善政府采购信息发布制度，建立政府采购支持中小企业的事后评价、质量审查及责任追究制度。

《意见》还指出，一要切实缓解融资难题，改进金融服务。金融监管部门要在 2010 年制定中小企业金融服务差异化监管政策，引导督促银行机构建立完善信贷业务考核激励机制和信贷人员尽职免责机制。各级金融管理部门要积极沟通和协调政府有关部门，进一步完善中小企业贷款快速核销、税前拨备等优惠措施。各银行业金融机构要加强中小企业金融服务专营机构建设，改善授信业务制度，简化信贷审批环节，创新金融产品和服务方式，采取动产、应收账款、仓单、股权、知识产权等抵质押方式，提高小企业中长期贷款及信用贷款的规模，确保中小企业信贷投放增速快于平均贷款增速、增量不低于上年。建立完善省级小企业贷款风险补偿资金和激励机制，按不超过银行当年新增小企业贷款总额的 0.5%给予风险补偿。建立融资项目对接长效机制和信息共享平台，以四川中小企业融资超市为龙头，拓展和延伸全省融资担保公共服务平台。

二要拓宽融资渠道。鼓励各市（州）、县（市、区）政府设立创业投资引导基金，引导社会资金设立主要支持中小企业的创业投资企业，重点支持起步期的科技型、成长型、劳动密集型小企业。培育和规范发展产权交易市场，积极发展股权投资基金。发挥融资租赁、典当、信托等融资方式在中小企业融资中的作用。强化中小企业上市培育工作，指导中小企业规范改制和上市，培育和支持一批高成长性中小企业在中小板、创业板、海外上市直接融资，对辅导期验收合格的企业给予 50 万元奖励，对首发上市成功的企业给予 200 万元奖励。鼓励符合条件的中小企业通过发行集合债券、短期融资券、中期集合票据等方式拓展直接融资渠道。鼓励支持民间资本进入金融业，投资小额贷款公司和村镇银行，参与农村信用社和城市商业银行改制发展。完善小额贷款公司资本金补充机制。适当放宽小额贷款公司注册资本等条件，对老少边穷地区注册资本金可放宽至 3000 万元，到 2012 年实现全省 80%以上的县覆盖。所在地方政府可制定支持小额贷款公司发展的激励政策。

三要完善担保体系。各级财政要加大支持力度和拓展民间投资进入渠道，综合运用资本注入、风险补偿和奖励补助等多种方式，提高信用担保机构担保能力。设立财政出资和企业联合组建的多层次中小企业融资担保基金和担保机构。完善对中小企业信用担保机构的风险补偿和资本金补充机制，鼓励担保机构扩大资本金规模，提高信用水平，增强业务能力。对备案担保机构为中小企业提供的担保额，给予不超过增量 2%的风险补偿，最高不超过 200万元；对备案担保机构为中小企业开展担保且担保费率低于银行同期贷款基准利率 50%的融资业务给予补助，补助比例不超过银行同期贷款基准利率50%与实际担保费率之差，最高不超过 100 万元。组建再担保机构，完善担保体系，扩大担保能力，分散担保风险。落实好对符合条件的中小企业信用担保机构免征营业税、准备金提取和代偿损失税前扣除的政策。国土资源、住房城乡建设、金融、工商等部门原则上在 5 个工作日内完成为中小企业和担保机构开具抵押物和出质的登记、确权、转让等服务。

四要推进信用建设。加快推进中小企业信用制度建设，建立和完善中小企业信用信息征集机制和评价体系，提高中小企业的融资信用等级。完善个人和企业征信系统，为中小企业融资提供方便快速的查询服务。构建守信受益、失信惩戒的信用约束机制，增强中小企业信用意识。实施千户诚信中小企业培植计划，组织开展信用宣传、信用培育、信用征集、信用激励、信用评级工作，支持中小企业积极参加第三方信用评级。

五要加快中小企业转型升级。推进产业升级。支持中小企业围绕我省打造"一枢纽三中心四基地"、实施"7+3"产业规划和八大产业调整和振兴行动计划，参与重大项目的配套建设。支持中小企业发展电子信息、新能源、节能环保、新材料、生物制药等战略性新兴产业。支持中小企业参建成绵乐广遂电子信息、成德资自宜泸装备制造、成德绵南资汽车、攀西钒钛稀土、成乐眉雅绵硅产业、川南沿江重化工、川东北天然气化工、成遂南达纺织服装鞋业等八大特色产业带和"中国白酒金三角"等农产品精深加工传统优势产业。支持中小企业参与灾后重建产业发展和改善民生工程项目。支持中小企业参与大飞机、电子军工、核产业等军民结合产业项目的协作配套。加快发展生产性服务业，支持中小企业在科技研发、工业设计、技术咨询、设备租赁、信息服务、现代物流等生产性服务业领域发展，在软件开发、服务外包、网络动漫、广告创意、电子商务、市场托管等新兴领域拓展。

六要引导集聚发展。制定我省产业集群发展规划，3 年内支持培育 50 个省级重点产业集群、50 个省级特色产业集镇，围绕实施"1525"工程打造 10个省级示范产业园区。加大资金支持力度，支持产业集群环境建设，推进基础设施配套和产业链协作配套,加快产业集群和产业园区公共服务平台建设。

支持龙头骨干企业扩散工艺技术和加工环节，延长产业链条，推动中小企业参与专业化分工，提高专业化协作水平。立足地方比较优势和主导产业，支持省内优势中小企业跨区域、跨所有制开展收购、兼并、重组和联营，发展企业集团，开展集约化经营。支持中小企业加强与东部先进中小企业合作，积极承接产业、资本、技术、人才转移。

七要加强配套协作。建立中小企业与大企业大集团配套发展长效协调机制，省级财政加大支持中小企业与大企业大集团配套协作的力度。选择机械、汽车、食品饮料等重点行业，搭建政府支持、协会主导的大中小企业配套协作信息交流平台，及时发布配套协作供求信息，组织开展大中小企业配套协作对接活动。支持中小企业加速技术革新和产品升级，走"专、精、特、新"之路，突出主业，围绕大企业发展专业化配套。鼓励大企业集团通过专业分工、服务外包、订单生产等方式与中小企业合作，向中小企业提供技术、人才、设备、资金支持，及时支付货款和服务费用。

八要支持技术创新。加大技术创新项目财政专项资金支持力度，引导风投资金、创业投资等社会资金支持科技型中小企业，鼓励和支持中小企业加大研发投入，开发先进适用技术、工艺和设备，研制适销对路新产品。企业为开发新技术、新产品、新工艺发生的研究开发费用，未形成无形资产计入当期损益的，在按照据实扣除的基础上，按照研究开发费用的50%加计扣除；形成无形资产的，按照无形资产成本的 150%摊销。支持中小企业申报国家自主创新产品的认定，对成功申报国家高新技术产业发展项目并获得国家资金支持的，在安排省级相关专项资金时给予倾斜支持。实施知识产权推进工程，支持中小企业开发自有知识产权，推进"产学研"联合，建立中小企业专利技术公共服务平台和技术交易平台，支持企业和社会力量建立面向中小企业的专业技术中心、生产力促进中心，经认定为国家级、省级的，分别给予一次性补助。

九要支持技术改造。省级预算内技术改造专项资金中，要安排中小企业技术改造项目资金，市（州）、县（市、区）政府也要安排中小企业技术改造专项资金，重点支持中小企业采用先进适用新技术、新工艺、新装备进行技术改造。中小企业固定资产因技术进步加速折旧的，可按规定缩短折旧年限或采取加速折旧的方法。鼓励挖掘、保护、改造民间特色传统产品和传统工艺，建立民间特色传统产品和传统工艺省级重点目录，对进入目录的重点改造项目给予资金支持。

十要支持创建品牌。在 2011 年，制定我省中小企业品牌发展战略规划，组织开展中小企业品牌创建活动，支持中小企业争创国际知名品牌、国家驰名商标和中国名牌产品、省著名商标和四川名牌产品。对首次获得国家驰名商标、中国名牌产品和国家级质量奖的，由省政府给予奖励。对首次获得四川省著名商标、四川名牌产品的，由当地政府给予奖励。支持中华老字号等传统优势中小企业申请商标注册、地理标志注册商标、地理标志保护产品专用标志。

十一要推进节能减排。建立中小企业节能减排、清洁生产、循环利用激励机制。积极开展中小企业低碳经济试点，按照发展循环经济的要求，鼓励中小企业内部和企业间循环利用资源，推广重点节能减排技术和高效节能环保产品、设备在中小企业的应用。利用市场调节并综合运用财政、金融、税收、环保、土地、产业政策等手段，依法淘汰落后技术、工艺、设备和产品，禁止落后产能异地转移。严控过剩产能和"两高一资"行业发展。对纳入资源综合利用、环境保护、节能节水企业税收优惠目录的，按规定给予所得税优惠。

2.6　我国民营中小企业发展现状

2.6.1　中小企业的定义与界定

中小企业（Small and Medium Enterprises），又称中小型企业或中小企，是与所处行业的大企业相比在人员规模、资产规模与经营规模上都比较小的经济单位。此类企业通常可由单个人或少数人提供资金组成，其雇用人数与营业额皆不大，因此在经营上多半是由业主直接管理，受外界干涉较少。

中小企业是实施大众创业、万众创新的重要载体，在增加就业、促进经济增长、科技创新与社会和谐稳定等方面具有不可替代的作用，对国民经济和社会发展具有重要的战略意义。

2.6.2　中小企业经营特点

（1）生产规模中等或微小，因而投资较省，建设周期短，收效较快。

与大型企业相比较，中小企业的特征在于，首先企业规模小、经营决策权高度集中，但凡是小企业，基本上都是一家一户自主经营，使资本追求利润的动力完全体现在经营者的积极性上。由于经营者对千变万化的市场反应灵敏，实行所有权与经营治理权合一，既可以节约所有者的监督成本，又有利于企业快速作出决策。其次，中小企业员工人数较少，组织结构简单，个人在企业中的贡献轻易被识别，因而便于对员工进行有效的激励，不像大企业那样在庞大的阶层化组织内容易产生怠惰与无效率的情况。可见，中小企业在经营决策和人员激励上与大企业相比具有更大的弹性和灵活性，因而能对不断变化的市场作出迅速反应。当有些大公司和跨国企业在世界经济不景气的情况下不得不压缩生产规模的时候，中小企业却在不断调整经营方向和产品结构，从中获得新的发展。

（2）对市场变化的适应性强，机制灵活，能发挥"小而专""小而活"的优势。

中小企业由于自身规模小，人、财、物等资源相对有限，既无力经营多种产品以分散风险，也无法在某一产品的大规模生产上与大企业竞争，因而，往往将有限的人力、财力和物力投向那些被大企业所忽略的细小市场，专注于某一细小产品的经营上来不断改进产品质量，提高生产效率，以求在市场竞争中站稳脚跟，进而获得更大的发展。从世界各国的类似成功经验来看，通过选择能使企业发挥自身优势的细分市场来进行专业化经营，走以专补缺、以小补大，专精致胜的成长之路，这是众多中小企业在激烈竞争中获得生存与发展的最有效途径之一。此外，随着社会生产的专业化、协作化发展，越来越多的企业摆脱了"大而全""小而全"的组织形式。中小企业通过专业化生产同大型企业建立起密切的协作关系，不仅在客观上有力地支持和促进了大企业发展，同时也为自身的生存与发展提供了可靠的基础。

（3）经营范围的广泛性，行业齐全，点多面广，成本较高，提高经济效益的任务艰巨。

一般来讲，大批量、单一化的产品生产才能充分发挥巨额投资的装备技术优势，而大批量的单一品种只能满足社会生产和人们日常生活中一些主要方面的需求，当出现某些小批量的个性化需求时，大企业往往难以满足。因此，面对当今时代人们越来越突出个性的消费需求，消费品生产已从大批量、单一化转向小批量、多样化。虽然中小企业作为个体普遍存在经营品种单一、生产能力较低的缺点，但从整体上看，由于量大、点多、行业和地域分布面广，它们又具有贴近市场、靠近顾客和机制灵活、反应快捷的经营优势，因此，利于适应多姿多彩、千变万化的消费需求；尤其是在零售商业领域，居民日常零星的、多种多样的消费需求都可以通过千家万户中小企业灵活的服务方式得到满足。

（4）中小企业是成长最快的科技创新力量。

现代科技在工业技术装备和产品发展方向上有着两方面的影响，一方面是向着大型化、集中化的方向发展；另一方面又向着小型化、分散化方向发展。产品的小型化、分散化生产为中小企业的发展提供了有利条件。尤其是在新技术革命条件下，许多中小企业的创始人往往是大企业和研究所的科技人员或者大学教授，他们经常集治理者、所有者和发明者于一身，对新的技术发明创造可以立即付诸实践。正因为如此，20 世纪 70 年代以来，新技术型的中小企业像雨后春笋般出现，它们在微型电脑、信息系统、半导体部件、电子印刷和新材料等方面取得了极大的成功，有许多中小企业仅在短短几年或十几年里，迅速成长为闻名于世的大公司，如惠普、微软、雅虎、索尼和施乐等。

（5）抵御经营风险的能力差，资金薄弱，筹资能力差。

中国商业银行体系在流动资金提供方面可能是世界上最多的，但依然有很多对银行贷款的抱怨，贷款资源的配置问题始终存在，同时债务部分比例失调蕴涵着金融风险，要想办法予以解决。

2.6.3　中小企业发展现状

进入 21 世纪以后，我国中小企业得到了快速的发展，在国民经济中的比重也逐年增长，现已成为我国国民经济的重要组成部分。

我国统计局数据表明，在"十五"以及"十一五"期间，中小企业数量的年增长率分别为 19.6% 和 17.5%，数量超过了 800 万家，注册资金年增长率达到了 24.2% 和 30.6%，总资金超过了 19 万亿元。我国加入世贸组织（WTO）以后，中小企业也成为对外贸易的主要力量，各种物美价廉的产品远销海外。短短十年之内，中小企业的年出口额成几何式增长，促使我国成为世界上第一大贸易出口国，为国家创造了巨大的外汇储备。

2.6.4　中小企业发展存在的问题

我国中小企业已发展数十年，取得了显著的成绩，但是在其发展过程中也存在诸多问题。

1）缺乏政府的有效支持

虽然我国以及各级地方政府对中小企业的地位以及社会作用都给予了肯

定，但是没有制定相应的支持政策，一直无法与国企处于一个平等的竞争地位。

近年来，我国也陆续出台了一些鼓励中小企业发展的相关政策，但是在实际执行中，力度非常有限，效果不甚明显。

2）中小企业准入门槛较高

对于一些高利润行业，大多有国有企业经营或垄断，国家及政府的相关部门对于中小企业的进入设置了非常高的门槛，以至于中小企业经济一直无法渗入，这也与我国传统计划经济有很大的关系。这种经济体制看似保护了国有企业，却制约了中小企业的发展，不利于我国经济产业结构的进一步优化，也不利于提高我国企业的国际市场竞争力。

3）中小企业融资艰难

改革开放以来，民营企业快速发展，为我国由计划经济向市场经济渐进转轨发挥了积极作用。民营企业在快速发展的同时，仍然受到一系列制约因素的影响。融资难是制约民营中小企业发展的重大问题[①]。由于中小企业自身特点的原因，许多商业银行设置了较高的门槛，中小企业融资举步维艰。虽然我国出台了一系列有利于中小企业融资的政策，一些商业银行也为中小企业推出了许多产品，但是这与我国中小企业的需求相比，还远远不够。另外，目前我国缺乏专门为中小企业服务的信贷机构，信贷成本非常高、信贷覆盖率较低、信贷难度大。

4）中小企业自身问题较多

从现状来看，目前我国中小企业自身也存在较多问题，比如技术落后、管理水平低、人才缺乏、投资与收益比例失衡、法制观念不强、员工福利差、安全生产意识薄弱等，这些问题的存在与我国中小企业起步较晚、发展较快有很大的关系。

2.6.5 中小企业未来发展趋势分析

目前，中小企业已成为我国国民经济的重要组成部分，并肯定在未来很长一段时间内仍将是我国国民经济的主力军。

中小企业在发展中也存在诸多问题，基于对中小企业特点和我国实际国

---

① 李新平，丁阳光. 民营中小企业融资制度比较及经验借鉴[J]. 合作经济与科技，2018（8）：51-53.

情以及全球经济现状的分析，我国中小企业未来的发展趋势主要有以下几个方面。

1）大力发展第三产业

随着我国经济的不断发展壮大，人们的生活水平不断提高，人们对美好生活的向往也日益剧增。如今，人们追求的不再局限于吃饱穿暖，而是更高品质的生活，这就为我国第三产业的发展创造了巨大的空间。"第三产业也被称作服务业，其是指在国民经济部门中扣除第一产业、第二产业以外的其他行业，都被视为第三产业。……在我国第三产业被划分为两大部门：流通和服务两大部门；被划分为四个层次：流通部门、为生产和生活服务的部门、为提高科学文化水平和居民素质服务的部门、国家机关、政党机关、社会团体、警察、军队等。但在我国第三产业的界定和第三产业的统计有一个有趣的现象，就是在第三产业的第四个层次，它在第三产业的行业划分内，但是其增加值不计入第三产业产值和国民生产总值。可见我国第三产业还是传统意义上的服务性产业。"①

值得注意的是，在国家扩大内需的政策以及三大产业比例失衡的状况下，包括服务业在内的第三产业必将得到前所未有的发展空间，比如医疗、养老、家政、旅游等多个产业方面必定会得到的发展。因此，我国民营中小企业要抓住这个巨大的商业机遇，改变经营方向、调整产业结构，尽快转向新型的、需求量极大的服务行业，在规避另外两产业竞争的同时，抢先入驻第三产业，尽早创立自身的特色优质品牌，抢先占领市场先机，确保企业的可持续发展，也保证中小企业健康成长。

2）转移投资地区

从目前我国经济发展来看，由于历史的原因，地域经济结构存在布局严重失调。北京、上海、珠江三角洲等大中城市密集经济与中西部落后的经济发展形成了鲜明的对比，中小企业经济发展表现更为明显。"近年来，东部地区部分产业向西部地区转移的迹象越来越明显；应该说，在新旧经济增长方式之间、新旧体制之间出现摩擦，东部地区与西部地区的经济发展差距越来越大，经济结构失衡，产业结构面临调整升级，严重影响着我国经济发展的速度和质量的情况下，产业转移现象的产生不仅有助于促进各区域自身优势发挥，推动产业结构优化升级，有利于国内统一市场的形成，而且能够加速经济战略性转型调整，深化国民经济，推动经济稳定增长，提高中国整体国

---

① 李元. 我国第三产业及内部结构动态变化实证研究[D]. 长春：吉林大学，2014.

际竞争力。"①科学布局区域之间的产业结构,是解决不平衡发展的重要举措。近年来,我国政府针对这一情况在政策上给予入驻西部企业更多的优惠和支持。加上西部拥有丰富的资源优势,劳动力充沛,特别是矿业、农林牧副业等都具有很大的投资价值,因此中小企业应积极转移投资区域。

3)走创新路线

2012 年党的十八大明确提出:"科技创新是提高社会生产力和综合国力的战略支撑,必须摆在国家发展全局的核心位置。"强调要坚持走中国特色自主创新道路、实施创新驱动发展战略。这是我们党放眼世界、立足全局、面向未来作出的重大决策。"在 Porter(1996)的国家竞争优势理论中,创新驱动和财富驱动为集约式增长阶段,其强调了技术和经济效率的作用,在创新驱动阶段国家经济发展动力来源将从资本投入转向技术创新。"②实施创新驱动发展战略,对我国形成国际竞争新优势、增强发展的长期动力具有战略意义。改革开放 30 多年来,我国经济快速发展主要源于发挥了劳动力和资源环境的低成本优势。进入发展新阶段,我国在国际上的低成本优势逐渐消失。与低成本优势相比,技术创新具有不易模仿、附加值高等突出特点,由此建立的创新优势持续时间长、竞争力强。实施创新驱动发展战略,加快实现由低成本优势向创新优势的转换,可以为我国持续发展提供强大动力。

实施创新驱动发展战略,对我国提高经济增长的质量和效益、加快转变经济发展方式具有现实意义。科技创新具有乘数效应,不仅可以直接转化为现实生产力,而且可以通过科技的渗透作用放大各生产要素的生产力,提高社会整体生产力水平。实施创新驱动发展战略,可以全面提升我国经济增长的质量和效益,有力推动经济发展方式转变。

实施创新驱动发展战略,对降低资源能源消耗、改善生态环境、建设美丽中国具有长远意义。实施创新驱动发展战略,加快产业技术创新,用高新技术和先进适用技术改造提升传统产业,既可以降低消耗、减少污染,改变过度消耗资源、污染环境的发展模式,又可以提升产业竞争力。

从产业结构来看,目前我国民营中小企业大多属于劳动密集型经济,依靠廉价的劳动力获取少量的产品附加值,利润空间和发展空间都受到了较大的限制。这种经营模式在企业发展初期,低技术水平以及低准入门槛对于中

---

① 陈飞. 西部地区承接产业转移的影响因素及效应研究[D]. 北京:中国农业大学,2013.
② 吴国杰. 开放经济条件下中国创新驱动研究[D]. 杭州:浙江大学,2017.

小企业的发展起到了一定的积极意义。但是随着经济的发展以及科学技术的进步，市场竞争日益激烈，技术的缺失会直接导致企业的衰败。虽然中小企业在资金与规模上都无法与国企相比，但有着更加灵活的经营模式，也拥有自主创新的原动力。因此，我国中小企业一定要转变产业结构，走自主创新的道路，提高技术水平，掌握核心竞争力，才能在市场上争取更大的生产空间。

4）大力发展海外市场

随着全球经济一体化的不断深入，我国与全球各国的经济贸易往来也逐步密切。加入 WTO 至今，我国已发展成为世界第一出口国和第二进口国，取得了喜人的成绩，这些成绩的产生也与我国中小企业的发展有很大的关系。

一系列关于区域发展的国家战略逐步推进，包括西部大开发、振兴东北工业基地、向西开放、丝绸之路经济带建设等，都与沿边省份密切相关；国家层面的制度保障有力地推动了我国边境贸易发展[①]。我国中小企业不但将物美价廉的产品销往海外，而且在众多海外市场投资办厂，取得了丰厚的利润。因此，我国中小企业应着眼于全球，大力发展海外市场，进一步扩大企业的生存空间，在国际市场上赢得一席之地。

值得高度关注的还有一个问题，就是民营中小企业在大力发展对外贸易的时候如何抓住"一带一路"倡议的问题。"一带一路"经济体全称为"丝绸之路经济带和海上丝绸之路"，在 2013 年由习近平总书记提出。2013年，国家主席习近平在访问中亚和东南亚国家时先后提出"丝绸之路经济带"和"21 世纪海上丝绸之路"战略构想，为中国与周边国家进一步扩大互利共赢合作提供了新的契机，"一带一路"分为中线、北线和南线三条线路，地跨亚欧大陆，是我国顶层重要经济战略。作为新时期中国对外开放的大战略，"一带一路"所要达到的战略构想是实现中国国内与外部特别是周边环境的长治久安，可以说"一带一路"是中国新时期对外开放战略的新格局。

"一带一路"倡议实施为推动贸易自由化、培育新的贸易与投资支撑点提供新的契机。对于"一带一路"沿线已签署自由贸易协定的国家可以打造自由贸易协定的升级版，继续提升贸易自由化的水平，扩大服务贸易和投资领域的开放化程度，创造更为便利和自由的国际贸易投资新环境。非自贸区地域，其经济开发区和港口是提升"一带一路"贸易自由化的推进重点。此外，

① 杨小娟. 我国当代边境贸易发展研究[D]. 成都：西南财经大学，2014.

我国也不断改善贸易投资管理程序，推进口岸通关程序改革，运用电子手段逐步实现口岸数据信息共享。中国和中亚及独联体国家，在深化双边经贸合作中有很多利益契合点，"一带一路"倡议实施后双方可以在能源和矿产资源产业链、基础设施领域等多方面合作，进一步加强经济贸易一体化，扩大贸易自由化水平。

从资源富集情况看，"一带一路"的大陆桥辐射区域是全球最主要的能源和战略资源供应基地，区域内资源经济互补性强；从比较优势来看，沿途国家多为处于不同发展阶段、具有不同禀赋优势的发展中国家，这些国家经济发展潜力巨大，在农业、纺织、化工、能源、交通、通信、金融、科技等诸多领域进行经济技术以及资源互补贸易合作的空间广阔。因此，优化经济发展空间格局，促进各地区协调发展、协同发展、共同发展、优势互补，对经济全局有着导向性作用。

投资带动贸易发展是"一带一路"建设的新方向。统筹海陆开放，兼顾东西发展，开展全方位国际投资，拉动贸易增长。"一带一路"作为一种全新的国际经济合作模式，需采取创新的国际合作方式。"一带一路"沿线辐射范围涉及从东亚、中亚到西亚、东欧、南欧、西欧等 40 多个国家和地区，存在多个区域性合作组织，使我国的贸易地域范围扩大。"一带一路"沿线国家经济发展情况存在差异，贸易种类差异也很大，这使我国与其在国际贸易内容的范围扩大。并且，在东亚、东南亚国家与中亚国家经贸往来中，我国可以从中承接部分过境贸易。

当今世界经济正发生着复杂深刻的变化，全球经济正在缓慢复苏、发展分化，国际投融资格局也正在快速转化。"一带一路"建设必须首先要实现资金的互联互通，建立国际投资项目平台，在与"一带一路"国家共商的基础上将各国拟投资项目列入项目平台，并对外开放，提高投资透明度。"一带一路"建设也会带动各家银行加速海外机构布局，跨境人民币、项目融资、境外投资或承包贷款、跨境现金管理等银行业务也会拓展，国内外金融机构的积极参与，并实现汇兑、结算、融资、多币种清算等领域的合作，可以为贸易企业提供大量的资金，有利于国际贸易融资便利化。

广大民营企业要自觉践行"一带一路"倡议的新要求，将参与"一带一路"建设作为推进供给侧结构性改革、提高企业创新能力和核心竞争力的重要途径，要主动融入国际产能合作的战略布局，树立守法诚信、规范经营的良好形象，增强安全意识、防范和应对各类风险，还要注重软实力建设，讲好中国故事。

就目前情况来看，我国民营企业已经成为参与"一带一路"倡议的重要力量，涌现出一大批着眼全球、实施国际化战略和资本运作的优秀民营企业。但也要清醒地看到，在"一带一路"建设过程中，出现了一些新情况、新问题，如投资经营不够规范、遵纪守法意识不强、恶性竞争屡禁不止、安全风险意识不足、走出去的组织化程度不高等。对于这些问题，广大民营企业要高度重视，采取切实有效的措施认真加以克服。

3 我国民营中小企业财务管理存在的问题及原因分析

本章主要从财务管理学及管理经济学等学科的角度梳理财务管理研究的基本内容和基本理论，并在对相关理论进行分析讨论的基础上，分析我国民营中小企业财务管理的内容，对民营中小企业财务管理存在的筹融资能力不足、财务控制薄弱、缺乏先进的管理理念、财务管理职能缺失、相关制度的执行力度不足等问题进行深入系统分析。

3.1 财务管理

3.1.1 财务管理的概念

"财务管理活动是企业管理活动的一个重要组成部分，它是对资金筹集、控制和投放的一项管理活动。在西方，直到 20 世纪 50 年代才形成比较规范的现代财务理论，但是财务管理与会计活动一样具有悠久的历史。早在 15 世纪末到 16 世纪初，在地中海沿岸的许多城市，以合理预测并有效筹集资本的企业财务管理就开始萌芽。但是财务管理作为独立的职业是在进入 20 世纪以后才出现的。"[1]财务管理（Financial Management）是在一定的整体目标下，关于资产的购置（投资）、资本的融通（筹资）和经营中现金流量（营运资金），以及利润分配的管理。

西方财务学主要由三大领域构成，即公司财务（Corporation Finance）、投资学（Investments）和宏观财务（Macro finance）。其中，公司财务在我国常被译为"公司理财学"或"企业财务管理"。

---

① 朱华建. 中国企业财务管理能力体系构建与认证研究[D]. 大连：东北财经大学，2013.

3.1.2 财务管理的演进

1）财务管理的萌芽时期

企业财务管理大约起源于 15 世纪末 16 世纪初。当时西方社会正处于资本主义萌芽时期，地中海沿岸的许多商业城市出现了由公众入股的各种商业组织，入股的股东有商人、王公、大臣和市民等。商业股份经济的发展客观上要求企业合理预测资本需要量，有效筹集资本。但由于这时企业对资本的需要量并不是很大，筹资渠道和筹资方式比较单一，企业的筹资活动仅仅附属于商业经营管理，并没有形成独立的财务管理职业，这种情况一直持续到19 世纪末 20 世纪初。

2）筹资财务管理时期

19 世纪末 20 世纪初，工业革命的成功促进了企业规模的不断扩大、生产技术的重大改进和工商活动的进一步发展，股份公司迅速发展起来，并逐渐成为占主导地位的企业组织形式。股份公司的发展不仅引起了资本需求量的扩大，而且使筹资的渠道和方式发生了重大变化，企业筹资活动得到进一步强化，如何筹集资本扩大经营成为大多数企业关注的焦点。于是，许多公司纷纷建立了一个新的管理部门 —— 财务管理部门，财务管理开始从企业管理的多项管理职能中分离出来，成为一个独立的管理部门，同时也催生了财务管理这一职业。当时公司财务管理的职能主要是预计资金需要量和筹措公司所需资金，融资是当时公司财务管理理论研究的根本任务。因此，这一时期被称为融资财务管理时期或筹资财务管理时期。

这一时期的研究重点是筹资。主要财务研究成果有：1897 年，美国财务学者格林（Green）出版了《公司财务》，详细阐述了公司资本的筹集问题，被认为是最早的财务著作之一；1910 年，米德（Meade）出版了《公司财务》，主要研究企业如何最有效地筹集资本，为现代财务理论奠定了基础。

3）守法财务管理时期

1929 年爆发的世界性经济危机和 20 世纪 30 年代西方经济整体的不景气，造成无数多企业破产，投资者损失惨重。为保护投资人利益，西方各国政府加强了证券市场的法制管理。如美国 1933 年和 1934 年出台了《联邦证券法》和《证券交易法》，对公司证券融资作出严格的法律规定。此时财务管理面临的突出问题是金融市场制度与相关法律规定等问题。财务管理首先研究和解释各种法律法规，指导企业按照法律规定的要求，组建和合并公司，发行证券以筹集资本。因此，西方财务学家将这一时期称为"守法财务管理时期"或"法规描述时期（Descriptive Legalistic Period）"。

这一时期的研究重点是法律法规和企业内部控制。主要财务研究成果有：美国洛弗（W. H. Lough）出版了《企业财务》，首先提出了企业财务除筹措资本外，还要对资本周转进行有效的管理。英国罗斯（T. G. Rose）的《企业内部财务论》，特别强调企业内部财务管理的重要性，认为资本的有效运用是财务研究的重心。20 世纪 30 年代后，财务管理的重点开始从扩张性的外部融资向防御性的内部资金控制转移，各种财务目标和预算的确定、债务重组、资产评估、保持偿债能力等问题，开始成为这一时期财务管理研究的重要内容。

4）资产财务管理时期

20 世纪 50 年代以后，面对激烈的市场竞争和买方市场趋势的出现，财务经理普遍认识到，单纯靠扩大融资规模、增加产品产量已无法适应新的形势发展需要，财务经理的主要任务应是解决资金利用效率问题，公司内部的财务决策上升为最重要的问题。西方财务学家将这一时期称为"内部决策时期（Internal Decision-Making Period）"。在此期间，资金的时间价值引起财务经理的普遍关注，以固定资产投资决策为研究对象的资本预算方法日益成熟，财务管理的重心由重视外部融资转向注重资金在公司内部的合理配置，使公司财务管理发生了质的飞跃。这一时期资产管理成为财务管理的重中之重，因此称之为资产财务管理时期。

5）对公司整体价值的重视和研究时期

20 世纪 50 年代后期，对公司整体价值的重视和研究是财务管理理论的另一显著发展。实践中，投资者和债权人往往根据公司的盈利能力、资本结构、股利政策、经营风险等一系列因素来决定公司股票和债券的价值。由此，资本结构和股利政策的研究受到高度重视。

这一时期主要财务研究成果有：1951 年，美国财务学家迪安（Joel Dean）出版了最早研究投资财务理论的著作《资本预算》，对财务管理由融资财务管理向资产财务管理的飞跃发展产生了决定性影响。1952 年，哈里·马克维茨（H. M. Markowitz）发表论文《资产组合选择》，认为在若干合理的假设条件下，投资收益率的方差是衡量投资风险的有效方法。从这一基本观点出发，1959 年，马科维茨出版了专著《组合选择》，从收益与风险的计量入手，研究各种资产之间的组合问题。马科维茨也被公认为资产组合理论流派的创始人。1958 年，弗兰科·莫迪利亚尼（Franco Modigliani）和米勒（Merto H. Miller）在《美国经济评论》上发表《资本成本、公司财务和投资理论》，提出了著名的 MM 理论。莫迪利亚尼和米勒因为在研究资本结构理论上的突出成就,分别于 1985 年和 1990 年获得诺贝尔经济学奖。1964 年,夏普(William Sharpe)、林特纳(John Lintner)等在马克维茨理论的基础上,提出了著名的资本资产定价模型(CAPM),系统阐述了资产组合中风险与收益的关系,区分了系统性风险和非系统性风险,明确提出了非系统性风险可以通过分散投资而减少等观点。资本资产定价模型使资产组合理论发生了革命性变革,夏普因此与马克维茨一起共享了第 22 届诺贝尔经济学奖的荣誉。总之,在这一时期,以研究财务决策为主要内容的"新财务论"已经形成,其实质是注重财务管理的事先控制,强调将公司与其所处的经济环境密切联系,以资产管理决策为中心,将财务管理理论向前推进了一大步。

6)投资财务管理时期

第二次世界大战以后,科学技术迅速发展,产品更新换代速度加快,国际市场迅速扩大,跨国公司增多,金融市场繁荣,市场环境更加复杂,投资风险日益增加,企业必须更加注重投资效益,规避投资风险,这对已有的财务管理提出了更高要求。20 世纪 60 年代中期以后,财务管理的重点转移到投资问题上,因此这个阶段被称为投资财务管理时期。

如前所述,投资组合理论和资本资产定价模型揭示了资产的风险与其预期报酬率之间的关系,受到投资界的欢迎。它不仅将证券定价建立在风险与报酬的相互作用的基础上,而且大大改变了公司的资产选择策略和投资策略,被广泛应用于公司的资本预算决策。其结果是导致财务学中原来比较独立的两个领域——投资学和公司财务管理相互组合,使公司财务管理理论跨入投资财务管理的新时期。前述资产财务管理时期的财务研究成果同时也是投资财务管理初期的主要财务研究成果。

7)财务管理理论走向成熟时期

20 世纪 70 年代后,金融工具的推陈出新使公司与金融市场的联系日益加强。认股权证、金融期货等广泛应用于公司筹资与对外投资活动,推动财务管理理论日益发展和完善。70 年代中期,布莱克(F. Black)等人创立了期权定价模型(Option Pricing Model,简称 OPM);斯蒂芬·罗斯提出了套利定价理论(Arbitrage Pricing Theory)。在此期间,现代管理方法使投资管理理论日益成熟,主要表现在:建立了合理的投资决策程序,形成了完善的投资决策指标体系,建立了科学的风险投资决策方法。

一般认为,20 世纪 70 年代是西方财务管理理论走向成熟的时期。由于财务管理吸收了自然科学和社会科学的丰富成果,它进一步发展成为集财务预测、财务决策、财务计划、财务控制和财务分析于一身,以筹资管理、投资管理、营运资金管理和利润分配管理为主要内容的管理活动，并在企业管理中居于核心地位。1972年，法玛（Fama）和米勒（Miller）出版了《财务管理》一书，这部集西方财务管理理论之大成的著作，标志着西方财务管理理论已经发展成熟。

8）财务管理深化发展的新时期

20世纪70年代末，企业财务管理进入深化发展的新时期，并朝着国际化、精确化、电算化、网络化方向发展。

20世纪70年代末和80年代初期，西方世界普遍遭遇了旷日持久的通货膨胀。大规模的持续通货膨胀导致资金占用迅速上升，筹资成本随利率上涨，有价证券贬值，企业筹资更加困难，公司利润虚增，资金流失严重。严重的通货膨胀给财务管理带来了一系列前所未有的问题，因此这一时期财务管理的任务主要是对付通货膨胀。"通货膨胀财务管理"一度成为热点。

20世纪80年代中后期以来，进出口贸易筹资、外汇风险管理、国际转移价格问题、国际投资分析、跨国公司财务业绩评估等，成为财务管理研究的热点，并由此产生了一门新的财务学分支——国际财务管理。国际财务管理成为现代财务学的分支。

20世纪80年代中后期，拉丁美洲、非洲和东南亚发展中国家陷入沉重的债务危机，苏联和东欧国家政局动荡、经济濒临崩溃，美国经历了贸易逆差和财政赤字，贸易保护主义一度盛行。这一系列事件导致国际金融市场动荡不安，使企业面临的投融资环境具有高度不确定性。因此，企业在其财务决策中日益重视财务风险的评估和规避，其结果是大量的经济学研究成果用于财务管理研究；效用理论、线性规划、对策论、概率分布、模拟技术等数量方法在财务管理工作中的应用与日俱增。财务风险问题与财务预测、决策数量化受到高度重视。

随着数学方法、应用统计、优化理论与电子计算机等先进方法和手段在财务管理中的应用，企业财务管理理论发生了一场"革命"，财务分析向精确方向飞速发展。20世纪80年代诞生了财务管理信息系统。

20世纪90年代中期以来，计算机技术、电子通信技术和网络技术发展迅猛。财务管理的一场伟大革命"网络财务管理"已经悄然到来。

3.2 财务管理的基本理论

3.2.1 资本结构理论

资本结构理论（Capital Structure）是研究公司筹资方式及结构与公司市

场价值关系的理论。1958 年莫迪利安尼和米勒的研究结论是：在完善和有效率的金融市场上，企业价值与资本结构和股利政策无关，即 MM 理论。米勒因 MM 理论获 1990 年诺贝尔经济学奖，莫迪利亚尼 1985 年获诺贝尔经济学奖。下面就资本结构理论的发展概况及主要观点进行简要分析。

1）早期资本结构理论

广义的资本结构指的是企业各项资金来源的组合状况，包括所有负债（含短期负债和长期负债）和股东权益等资金来源之间的构成及比例关系。狭义的资本结构指的是以债务、优先股和普通股权益为代表的企业的永久性长期融资方式组合（或比例）。[①]20 世纪 50 年代之前，早期传统资本结构理论主要是从收益的角度来探讨资本结构。1952 年，美国经济学家大卫·杜兰特（David Durand）在《企业债务和股东权益成本：趋势和计量问题》一文中，系统地总结了早期资本结构理论，将其分为三类：

（1）净收益理论。净收益理论认为，在公司的资本结构中，债权资本的比例越大，公司的净收益或税后利润就越多，公司的价值就越高。由于债务资金成本低于权益资金成本，运用债务筹资可以降低企业资金的综合资金成本，债务资本融资可以提高公司的财务杠杆，产生税盾效应，从而提高企业的市场价值，所以企业应当尽可能利用负债融资优化其资本结构。该理论极端地认为，当负债达到 100%时，公司的平均资本成本将降至最低，此时公司的价值也将达到最大。

要理解评价这一理论，还必须掌握一个基本概念 —— 财务杠杆。什么是财务杠杆呢？对财务杠杆的理解，目前国内外大体有以下几种观点：一种是将财务杠杆定义为"企业在制定资本结构决策时对债务筹资的利用"，因而财务杠杆又可称为融资杠杆、资本杠杆或者负债经营，这种定义强调财务杠杆是对负债的一种利用；还有一种观点认为财务杠杆是指在筹资中适当举债，调整资本结构给企业带来额外收益[②]。由于财务杠杆的存在，如果介入资金的投资收益率大于平均负债的利息率，这时候是可以因为负债从财务杠杆中获益的。这种情况下，负债确实对公司的价值有益。实际上过多的债权资本比例，会带来过高的财务风险，而且当资金的投资受益率小于平均负债的利息率时，过多的债务资本比例只能增加企业的资本成本，因此净收益理论是不够科学的。

（2）净营业收益理论。净经营收益理论认为，在公司的资本结构中，债

---

① 樊洪. 企业资本结构、产权性质与多元化[D]. 杭州：浙江大学，2013.
② 张娜. 股权结构视角下财务杠杆对企业投资影响研究[D]. 上海：复旦大学，2009.

权资本比例的多少，实际上与公司的价值没有关系。无论企业财务杠杆如何变化，公司的加权平均资本成本是固定不变的。这是因为债权的成本率不变，股权资本成本率是变动的，债权增加，财务风险变大，投资要求的回报越高，反之亦然。公司的综合资本成本率是不变的，所以企业融资并不存在最优资本结构，公司的总价值与资本结构无关，决定公司价值的应该是经营业务收益。

（3）传统折中理论。净收益理论和净经营收益理论是两种比较极端的观点，传统折中理论则是介于两者之间的一种折中理论。增加债权资本对提高公司价值是有利的，但债权资本规模必须适度。

该理论假定：债务融资成本、权益融资成本、加权资本成本都会随着资本结构的变化而变化，但债务融资成本是小于权益融资成本的。谨慎的债务融资不会明显增加企业经营风险，在谨慎的债务融资范围内，加权资本成本将随着负债比率的增加而减少。企业价值则随其增加而增加；相反，过度的债务融资将导致权益资本成本与债务融资成本明显上升，致使加权资本成本上升、企业价值下降。结论是：负债有益，但要控制在一个合理的范围之内。

传统折中理论相比其他两种观点，较为准确地描述了财务杠杆与资本成本以及企业价值的关系。

2）现代资本结构理论

（1）MM 理论提出。1958 年，美国学者莫迪利严尼（Modigliani）和米勒（Miller）在《美国经济评论》上发表了论文《资本成本、公司财务与投资理论》（ The Cost of Capital , Corporation Finance and the Theory of Investment ），他们提出，公司价值是由全部资产的盈利能力决定的，而与实现资产融资的负债与权益资本的结构无关。这一令人意外的结论在理论界引起很大反响，被称之为 MM 理论，标志着现代资本结构理论的创建。

（2）无税收的 MM 理论。早期的 MM 理论认为，资本结构与资本成本和企业价值无关。如果不考虑公司所得税和破产风险，资本市场充分发育且有效运行，则负债企业的价值与无负债企业的价值相等，无论企业是否有负债，企业的资本结构与企业价值无关。企业资本结构的变动，不会影响到企业的加权资本成本，也不会影响到企业的市场价值。以低成本借入负债所得到的杠杆收益会被权益资本成本的增加而抵消，最终使有负债与无负债企业的加权资本成本相等，即企业的价值与加权资本成本都不受资本结构的影响。米勒以馅饼为例解释了 MM 理论：把公司想象成一个巨大的比萨，被分成了四份。如果现在你把每一份再分成两块，那么四份就变成了八份。MM 理论想要说明的是你只能得到更多的两块，而不是更多的比萨。值得一提的是，该观点是基于资本市场充分运行无税收、无交易成本等理想市场的假设条件提出的。

（3）有公司所得税的 MM 理论。早期的"MM 理论"是在不考虑企业所得税等条件而得出资本结构的相关结论的，而这显然不符合实际情况。因此，米勒等人对之前的 MM 理论进行了修正，他们于 1963 年发表的《公司所得税和资本成本：一项修正》中提出，考虑所得税因素后，尽管股权资金成本也会随负债比率的提高而上升，但上升速度却会慢于负债比率的提高。修正后的 MM 理论认为，在考虑所得税因素后，公司使用的负债越高，其加权平均成本就越低，公司收益乃至价值就越高。

在加入所得税因素之后，MM 理论更加与企业的实际经营状况相符合。

（4）权衡理论。权衡理论通过放宽 MM 理论完全信息以外的各种假定，考虑在税收、财务困境成本、代理成本分别或共同存在的条件下，资本结构如何影响企业市场价值。因此，权衡理论是企业最优资本结构就是在负债的税收利益和预期破产成本之间权衡。

权衡理论认为，虽然负债可以利用税收屏蔽的作用，通过增加债务来增加企业价值，但随着债务的上升，企业陷入财务困境的可能性也会大大增加，甚至可能导致破产。如果企业破产，不可避免地会发生破产成本。即使不破产，只要存在破产的可能，或者说，只要企业陷入财务困境的概率上升，就会给企业带来额外的成本，这是制约企业增加负债的一个重要因素。随企业债务上升而不断增大的企业风险，制约企业无限追求提高负债率所带来的免税优惠或杠杆效应。因此，企业最优资本结构是权衡免税优惠收益和因陷入财务危机而导致的各种成本的结果，或者说，企业最佳资本结构应该是在负债价值最大化和债务上升带来的财务危机成本及代理成本之间的平衡，此时企业价值才能最大化。

权衡理论不仅注意到了公司所得税存在下的负债抵税收益，也注意到了负债的财务拮据成本和代理成本，认为二者相权衡下，企业存在一个最优资本结构。权衡理论较符合学术界大多数专家关于企业存在一个最优资本结构的看法，较客观地揭示了负债与企业价值的关系，权衡理论提出的是相对较科学的资本结构理论。

3）新资本结构理论

在新资本结构理论的研究中，学者们把信息不对称和道德风险等概念引入资本结构理论系统而深入的研究中，把传统资本结构的权衡难题转化为结构或制度设计问题，给资本结构理论问题开辟了新的研究方向。

（1）代理成本理论。詹森（Jensen）和梅克林（Meckling）在1976发表的论文《企业理论：管理者行为、代理成本和资本结构》中首先将企业理论和产权理论结合起来研究资本结构对公司价值的影响。股份公司中存在的两种代理关系——管理者和股东之间（股权代理成本）、股东和债权人之间（债权代理成本）的利益冲突和代理成本。企业最优资本结构是使这两种代理成本之和达到最小值的资本结构。他们将企业的代理成本定义为：包括为设计、监督和约束利益冲突的代理人之间的一组契约所必须付出的成本，加上执行契约时成本超过利益所造成的剩余损失。

代理成本理论是新资本结构理论的一个主要代表。它是通过引入代理成本这个概念来分析企业最优资本结构的决定。由于企业中代理关系的存在，必然产生股东与企业经营者、股东与债权人之间的利益冲突，为解决这些冲突而产生的成本为代理成本，包括股权的代理成本和债权的代理成本。随着债务比例的增加，股东的代理成本将减少，债务的代理成本将增加。而如果要发行新股，相当于现有所有者以股权换取新所有者的资金，新旧所有者之间不可避免地会引发利益冲突。这样，新的所有者为保证他们的利益不受原所有者的损害，也必须付出监督费用等代理成本。

（2）信息传递理论。除了代理成本，在金融市场上，还存在典型的信息不对称问题，企业家比投资者掌握更多的关于企业项目投资的"内部信息"。信息传递理论研究的是在企业管理者与投资者之间存在信息不对称的情况下，认为市场的投资者只能通过企业表面信息的分析来对收益进行估计，这样就使管理者可以通过资本结构的选择来改变市场对企业收益的评价，进而改变企业的市场价值。其结论是，负债和资本比是一种把内部信息传递给市场的信号工具。企业管理者可以通过改变企业的资本结构来影响投资者对企业价值的评估。

在管理者持有股权以及管理者为风险厌恶者的假设下，如果企业管理者提高企业的负债率，他所持有的股权在企业总股权中的比例就会上升，那么企业管理者将面临更大的他所要规避的风险，企业管理者只有在他所管理的企业价值较大时才会这么做，价值较小的企业管理者是不会冒着破产风险提高企业负债率的。由于信息不对称，投资者只能通过经理者输送出来的信息间接地评价市场价值。企业债务比例或资产负债结构就是一种把内部信息传给市场的信号工具，负债比例上升是一个积极的信号，它表明经理者对企业未来收益有较高期望，传递着经理者对企业的信心。因此，在信息不对称的情况下，高负债率向投资者传递的是企业价值较大的信号，企业价值与负债率的高低呈正相关的关系。

（3）优序融资理论。1984年，美国经济学家梅耶在其文章《企业知道投资者所不知道信息时的融资和投资决策》中，根据信号传递的原理推出了优序融资假说。该理论认为，公司倾向于首先采用内部筹资；如果需要外部筹资，公司将先选择债券筹资，再选择其他外部股权筹资。这种筹资顺序的选择不会传递对公司股价产生比例影响的信息。

按照信息传递理论，基于不对称信息对融资成本的影响，获利能力强的公司之所以安排较低的债权比率，并不是由于已确立较低的目标债权比率，而是由于不需要外部筹资；获利能力较差的公司选用债权筹资是由于没有足够的留存收益，而且在外部筹资选择中债权筹资为首选。

之后，梅耶（Myers）和麦吉勒夫（Majluf）进一步考察不对称信息对融资成本的影响，发现这会促使企业尽可能少用股票融资，因为企业通过发行股票融资，会被市场误解，认为其前景不佳，由此新股发行总会使股价下跌。但是，多发债券又会使企业受到财务危机的约束。在这种情况下，企业资本结构的顺序是：先是内源融资，然后是债务融资，最后才是股权融资。

3.2.2 现代资产组合理论与资本资产定价模型

现代资产组合理论是关于最佳投资组合的理论。1952年马科维茨（Harry Markowitz）提出了该理论，他的研究结论是：只要不同资产之间的收益变化不完全正相关，就可以通过资产组合方式来降低投资风险。马科维茨因此获得1990年诺贝尔经济学奖。

资本资产定价模型是研究风险与收益关系的理论。夏普等人的研究结论是：单项资产的风险收益率取决于无风险收益率，市场组合的风险收益率和该风险资产的风险。夏普因此获得1990年诺贝尔经济学纪念奖。

现代资产组合理论的提出主要是针对化解投资风险的可能性。该理论认为，有些风险与其他证券无关，分散投资对象可以减少个别风险（Unique Risk or Unsystematic Risk），由此个别公司的信息就显得不太重要。个别风险属于市场风险，而市场风险一般有两种：个别风险和系统风险（Systematic Risk）。前者是指围绕着个别公司的风险，是对单个公司投资回报的不确定性；后者指整个经济所生的风险无法由分散投资来减轻。

虽然分散投资可以降低个别风险，但是首先，有些风险与其他或所有证券的风险具有相关性，在风险以相似方式影响市场上的所有证券时，所有证券都会作出类似的反应，因此投资证券组合并不能规避整个系统的风险；其次，即使分散投资也未必是投资在数家不同公司的股票上，而是可能分散在股票、债券、房地产等多方面；再次，未必每位投资者都会采取分散投资的方式。因此，在实践中风险分散并非总是完全有效的。

该理论主要解决投资者如何衡量不同的投资风险以及如何合理组合自己的资金以取得最大收益的问题。该理论认为，组合金融资产的投资风险与收益之间存在一定的特殊关系，投资风险的分散具有规律性。他们的理论前提是：假设市场是有效的，投资者能够得知金融市场上多种收益和风险变动及其原因。假设投资者都是风险厌恶者，都愿意得到较高的收益率，如果要他们承受较大的风险则必须以得到较高的预期收益作为补偿。风险以收益率的变动性来衡量，用统计上的标准差来代表。假定投资者根据金融资产的预期收益率和标准差来选择投资组合，而他们所选取的投资组合具有较高的收益率或较低的风险。假定多种金融资产之间的收益都是相关的，如果得知每种金融资产之间的相关系数，就有可能选择最低风险的投资组合。

资本资产定价模型（Capital Asset Pricing Model，简称 CAPM）是由美国学者夏普（William Sharpe）、林特尔（John Lintner）、特里诺（Jack Treynor）和莫森（Jan Mossin）等人于 1964 年在资产组合理论和资本市场理论的基础上发展起来的，主要研究证券市场中资产的预期收益率与风险资产之间的关系，以及均衡价格是如何形成的。它是现代金融市场价格理论的支柱，广泛应用于投资决策和公司理财领域。

资本资产定价模型假设所有投资者都按马克维茨的资产选择理论进行投资，对期望收益、方差和协方差等的估计完全相同，投资人可以自由借贷。基于这样的假设，资本资产定价模型研究的重点在于探求风险资产收益与风险的数量关系，即为了补偿某一特定程度的风险，投资者应该获得的报酬率。

3.2.3　期权定价理论

期权定价理论（Option Pricing Model）是有关期权（股票期权、外汇期权、股票指数期权、可转换债券、可转换优先股、认股权证等）的价值或理论价格确定的理论。1973 年斯科尔斯提出了期权定价模型，又称 B-S 模型。20 世纪 90 年代以来期权交易已成为世界金融领域的主旋律。斯科尔斯和莫顿因此获 1997 年诺贝尔经济学奖。

期权是购买方支付一定的期权费后所获得的在将来允许的时间买或卖一定数量的基础商品（Underlying Assets）的选择权。期权价格是期权合约中唯一随市场供求变化而改变的变量，它的高低直接影响到买卖双方的盈亏状况，是期权交易的核心问题。早在 1900 年，法国金融专家劳雷斯·巴舍利耶发表了第一篇关于期权定价的文章。此后，各种经验公式或计量定价模型纷纷面世，但因种种局限难于得到普遍认同。70 年代以来，随着期权市场的迅速发展，期权定价理论的研究取得了突破性进展。

在国际衍生金融市场的形成发展过程中，期权的合理定价是困扰投资者的一大难题。随着计算机、先进通信技术的应用，复杂期权定价公式的运用成为可能。在过去的 20 年中，投资者通过运用布莱克-斯科尔斯期权定价模型，将这一抽象的数字公式转变成了大量的财富。

期权定价是所有金融应用领域数学上最复杂的问题之一。第一个完整的期权定价模型由 Fisher Black 和 Myron Scholes 创立并于 1973 年公之于世。B-S 期权定价模型的发表和芝加哥期权交易所正式挂牌交易标准化期权合约几乎是同时发生的。不久，德克萨斯仪器公司就推出了装有根据这一模型计算期权价值程序的计算器。大多从事期权交易的经纪人都持有各家公司出品的此类计算机，利用按照这一模型开发的程序对交易估价。这项工作对金融创新和各种新兴金融产品的面世起到了重大的推动作用。

斯科尔斯与他的同事、已故数学家费雪·布莱克（Fischer Black）在 20 世纪 70 年代初合作研究出了一个期权定价的复杂公式。与此同时，默顿也发现了同样的公式及许多其他有关期权的有用结论。结果，两篇论文几乎同时在不同刊物上发表。所以，布莱克-斯科尔斯定价模型亦可称为布莱克-斯科尔斯-莫顿定价模型。莫顿扩展了原模型的内涵，使之同样运用于许多其他形式的金融交易。瑞士皇家科学协会赞誉他们在期权定价方面的研究成果是今后 25 年经济科学中的最杰出贡献。

1979 年，科克斯（Cox）、罗斯（Ross）和卢宾斯坦（Rubinsetein）的论文《期权定价：一种简化方法》提出了二项式模型（Binomial Model），该模型建立了期权定价数值法的基础，解决了美式期权定价的问题。

3.2.4 有效市场假说

有效市场假说（Efficient Markets Hypothesis，EMH）是研究资本市场上证券价格对信息反映程度的理论。若资本市场在证券价格中充分反映了全部相关信息，则称资本市场为有效率的。

1964 年奥斯本提出了"随机漫步理论"，他认为股票价格的变化类似于化学中的分子"布朗运动"（悬浮在液体或气体中的微粒所做的永不休止的、无秩序的运动），具有"随机漫步"的特点，也就是说，它变动的路径是不可预期的。1970 年法玛也认为，股票价格收益率序列在统计上不具有"记忆性"，所以投资者根本无法根据历史的价格来预测其未来的走势。这个结论不免使许多从事股价分析的人有点沮丧，他们全力研究各家公司的会计报表与未来前景以决定其价值，并试图在此基础上作出正确的金融决策。难道股价真的是如此随机，金融市场就没有经济学的规律可循吗？

萨缪尔森的看法是，金融市场并非不按经济规律运作，恰恰相反，这正是符合经济规律的作用而形成的一个有效率的市场。

1965 年，尤金·法玛（Eugene Fama）在 *Financial Analysts Journal* 上发表文章 *Random Walksin Stock Market Prices*。在这篇文章中第一次提到了有效市场（Efficient Market）的概念，有效市场是这样一个市场：在这个市场中，存在着大量理性的、追求利益最大化的投资者，他们积极参与竞争，每一个人都试图预测单个股票未来的市场价格，每一个人都能轻易获得当前的重要信息。在一个有效市场上，众多精明投资者之间的竞争导致这样一种状况：在任何时候，单个股票的市场价格都反映了已经发生的和尚未发生、但市场预期会发生的事情。1970 年，法玛提出了有效市场假说（Efficient Market Hypothesis），它对有效市场的定义是：如果在一个证券市场中，价格完全反映了所有可以获得的信息，那么就称这样的市场为有效市场。衡量证券市场是否具有外在效率有两个标志：一是价格是否能自由地根据有关信息而变动，二是证券的有关信息能否充分地披露和均匀地分布，使每个投资者在同一时间内得到等量等质的信息。

根据这一假设，投资者在买卖股票时会迅速有效地利用可能的信息，所有已知的影响一种股票价格的因素都已经反映在股票的价格中，因此根据这一理论，股票的技术分析是无效的。

有效市场假说的定义是：

内部有效市场（Internally Efficient Markets）又称交易有效市场（Operationally Efficient Markets），它主要衡量投资者买卖证券时所支付交易费用的多少，如证券商索取的手续费、佣金与证券买卖的价差。外部有效市场（Externally Efficient Markets）又称价格有效市场（Pricing Efficient Markets），它探讨证券的价格是否迅速地反映出所有与价格有关的信息，这些"信息"包括有关公司、行业、国内及世界经济的所有公开可用的信息，也包括个人、群体所能得到的所有的私人的、内部的非公开信息。

成为有效市场的条件是：

（1）投资者都利用可获得的信息力图获得更高的报酬。

（2）证券市场对新的市场信息的反应迅速而准确，证券价格能完全反映全部信息。

（3）市场竞争使证券价格从旧的均衡过渡到新的均衡，而与新信息相应的价格变动是相互独立的或随机的。

3.2.5 代理理论

代理理论研究不同筹资方式和不同资本结构下代理成本的高低，以及如何降低代理成本提高公司价值。

代理理论（Agency Theory）最初是由简森（Jensen）和梅克林（Meckling）于 1976 年提出的。后来这一理论发展成为契约成本理论（Contracting Cost Theory）。契约成本理论假定企业由一系列契约组成，包括资本的提供者（股东和债权人等）和资本的经营者（管理当局）、企业与供贷方、企业与顾客、企业与员工等的契约关系。

代理理论主要涉及企业资源的提供者与资源的使用者之间的契约关系。按照代理理论，经济资源的所有者是委托人，负责使用以及控制这些资源的经理人员是代理人。代理理论认为，当经理人员本身就是企业资源的所有者时，他们拥有企业全部的剩余索取权，经理人员会努力地为自己而工作，这种环境下，就不存在什么代理问题。但是，当管理人员通过发行股票方式，从外部吸取新的经济资源，管理人员就有一种动机去提高在职消费，自我放松并降低工作强度。显然，如果企业的管理者是一个理性经济人，他的行为与原先自己拥有企业全部股权时将有显著的差别。如果企业不是通过发行股票而是通过举债方式取得资本，也同样存在代理问题，只不过表现形式略有不同。这就形成了简森和梅克林所说的代理问题。简森和梅克林将代理成本区分为监督成本、守约成本和剩余损失。其中，监督成本是指外部股东为了监督管理者的过度消费或自我放松（我们所谓的磨洋工）而耗费的支出；代理人为了取得外部股东信任而发生的自我约束支出（如定期向委托人报告经营情况、聘请外部独立审计等），称为守约成本；由于委托人和代理人的利益不一致导致的其他损失，就是剩余损失。

代理理论还认为，代理人拥有的信息比委托人多，并且这种信息不对称会逆向影响委托人有效地监控代理人是否适当地为委托人的利益服务。它还假定委托人和代理人都是理性的，他们将利用签订代理契约的过程，最大化各自的财富。而代理人出于自我寻利的动机，将会利用各种可能的机会，增加自己的财富。其中，一些行为可能会损害到所有者的利益。例如，为自己修建豪华办公室、购置高级轿车，去著名旅游区做与企业经营联系不大的商务旅行等。当在委托人（业主）和代理人（经理）之间的契约关系中，没有一方能以损害他人的财富为代价来增加自己的财富时，即达到"帕雷托最优化"状态。或者说，在有效的市场环境中，那些被市场证明采用机会行为损害他人利益的人或集团，最终要承担其行为的后果。比如，一个信用等级不高的借款者将难以借到款项或必须以更高的成本取得借款；一个声望不佳的经理，将很难在有效的经理市场上取得一个好的职位；在会计服务市场上，一家被中国注册会计师协会或中国证监会通报批评的会计师事务所，在很短的时间内会丢失大量客户。为了保证在契约程序上最大化各自的利益，委托人和代理人都会发生契约成本。为了降低代理人"磨洋工"的风险，委托人将支付监督费用，如财务报表经过外部审计的成本。代理人也会发生守约成本。例如，为了向委托人（业主）证明他们有效、诚实地履行了代理职责，经理需要设置内部审计部门，相应地就会发生内部审计费用。设置内部审计部门，让股东充分了解经理人员的行为，使股东对经理人员更加信任，这可以帮助经理人员巩固他们在公司中的位置，从而维持他们现有的工资水平。西方的一些 实证研究文献表明，委托人监督代理人的费用，体现在代理人所取得的工资薪水中。这些研究还表明，代理人出于自我寻利的考虑，需要设置诸如内部审计之类的监督服务，让委托人充分了解经理人员的努力程度，以降低委托人对管理报酬作出逆向调整的风险。

代理是指代理人在代理权限内，以被代理人的名义与第三人实施法律行为，由此产生的法律后果直接由被代理人承担的一种法律制度。代理关系的主体包括代理人、被代理人（本人）和第三人（相对人）。代理人是代替被代理人实施法律行为的人，被代理人是代理人替自己实施法律行为的人，第三人是与代理人实施法律行为的人。

3.2.6　信息不对称理论

信息不对称理论（Asymmetric Information）是指公司内外部人员对公司实际经营状况了解的程度不同，即在公司有关人员中存在着信息不对称，这种信息不对称会造成对公司价值的不同判断。

信息不对称理论亦指在市场经济活动中，各类人员对有关信息的了解是有差异的。掌握信息比较充分的人员，往往处于比较有利的地位；而信息贫乏的人员，则处于比较不利的地位。信息不对称理论指出了信息对市场经济的重要影响，揭示了市场体系中的缺陷，并指出完全的市场经济并不是天然合理的，完全靠自由市场机制不一定会给市场经济带来最佳效果，特别是在投资、就业、环境保护、社会福利等方面。信息不对称是市场经济的弊病，要想减少信息不对称对经济产生的危害，政府应在市场体系中发挥强有力的作用。

信息不对称这一现象早在 20 世纪 70 年代便受到三位美国经济学家的关注和研究，它为市场经济提供了一个新的视角。现在看来，信息不对称现象简直无处不在，就像遍布的各种名牌商品。按照这一理论，名牌本身也在折射这一现象，人们对品牌的崇拜和追逐，从某种程度上恰恰说明了较一般商品而言，名牌商品提供了更完全的信息，降低了买卖双方之间的交易成本。这一理论同样也适用于广告，在同质的情况下，花巨资广而告之的商品因为比不做广告或少做广告者提供了更多的信息，所以它们更容易为消费者接受。

信息不对称理论的意义当然不止于此。它不仅要说明信息的重要性，还要研究信息不对称理论市场中的人因获得信息渠道之不同、信息量的多寡而承担的不同风险和收益。三位经济学家分别从商品交易、劳动力和金融市场三个不同领域研究了这个课题，最后殊途同归。最早研究这一现象的是阿克尔洛夫。1970 年，他在哈佛大学经济学期刊上发表了著名的《次品问题》一文，首次提出了"信息市场"概念。阿克尔洛夫从当时司空见惯的二手车市场入手，发现了旧车市场由于买卖双方对车况掌握的不同而滋生的矛盾，并最终导致旧车市场的日渐式微。在旧车市场中，卖主一定比买主掌握更多的信息。为了便于研究，阿克尔洛夫将所有的旧车分为两大类，一类是保养良好的车，另一类是车况较差的"垃圾车"，然后再假设买主愿意购买好车的出价是 20 000 美元，差车的出价是 10 000 美元，而实际上卖主的收购价可能分别只有 17 000 美元和 8000 美元，从而产生了较大的信息差价。由此可以得出一个结论：如果让买主不经过旧车市场而直接从车主手中购买，那将产生一个更公平的交易，车主会得到比卖给旧车市场更多的钱，与此同时买主出的钱也会比从旧车市场买的要少。但接下来会出现另外一种情况，当买主发现自己总是在交易中处于不利位置，他会刻意压价，以致低于卖主的收购价，例如好车的出价只有 15 000 元，差车只出价 7000 元，这便使得交易无法进行。面对这种情况，旧车交易市场的卖主通常会采取以次充好的手段满足低价位买主，从而使得旧车质量越来越差，最后难以为继。

信息不对称现象的存在，使得交易中总有一方会因为获取信息的不完整而对交易缺乏信心，对于商品交易来说，这个成本是昂贵的，但仍然可以找到解决的方法。还是以旧车交易市场为例，对于卖主来说，如果他们一贯坚持只卖好车不卖一辆"垃圾车"，长此以往建立的声誉便可增加买主的信任，大大降低交易成本；对于买主而言，他们同样也可以设置更好的策略将"垃圾车"剔除出来。斯宾塞和斯蒂格利茨则提供了企业和消费者如何从各式各样的商品中去芜存精的方法。

斯宾塞的研究着重于劳动力市场，他经过长期观察发现，在劳动力市场存在着用人单位与应聘者之间的信息不对称情况。为了谋到一个较好的单位，应聘者往往从服装到毕业文凭挖空心思层层包装，使用人单位良莠难辨。在这里，斯宾塞提出了一个所谓的"获得成本"概念，他举例说，对于用人单位而言，应聘者具有越难获得的学历就越具可信度，比如说拥有哈佛文凭应聘者的才能，就比一般学校的毕业文凭更有可信度。对于人才市场的信息不对称现象，斯宾塞在其博士论文《劳动市场的信号》中做了详尽的表述。无论是个人、企业还是政府，当他们不能直截了当地传达其个人偏好或意图时，"信号法"可以提供较大的帮助。例如，举债经营传达出来的一个信号是：公司对未来收益有着良好的预期。名牌商品向消费者传达的一个准确无误的信号是：它是一种高含量的创造，就是应该比一般商品更贵也更值钱。当然如果品牌要保持自身阳春白雪的地位，必须限量生产。这一理论也同样可以解释为什么企业喜欢向员工分红派息而不是派现金，从信号理论的角度而言，分红派息强烈地表达了公司良好的前景。

斯蒂格利茨在三位获奖人中名气最大，他在几乎所有的经济学领域都有贡献，包括宏观经济学、货币经济学、公共理论及国际事务乃至发展经济学，都卓有建树。斯蒂格利茨在深圳参加"脑库论坛"时，表达了他作为当今世界著名经济学家对中国经济发展的关注和看好。斯蒂格利茨将信息不对称这一理论应用到保险市场。他指出，由于被保险人与保险公司间信息的不对称，客观上造成一般车主在买过车险后疏于保养，使得保险公司赔不胜赔。斯蒂格利茨提出的解决问题的理论模型是，让买保者在高自赔率加低保险费、低自赔率加高保险费两种投保方式间作出抉择，以解决保险过程中的逆向选择问题。其实，信息不对称现象在现代金融领域的表现更为普遍和突出，尤其在新兴市场和东南亚地区乃至中国大陆，企业骗贷、出口骗退和银行呆坏账的涌现，无不与此紧密相关。

三个学者以研究信息不对称理论荣膺桂冠，从另一个侧面说明了发展中国家经济学家的无奈。由信息不对称导致的各种问题和风险，在发展中国家向市场经济的转型中尤为突出和严重，但丰富的实践却没有产生先进的理论，这是值得深思的。信息不对称背后隐藏的其实是道德风险。在发展中国家信息化甚嚣尘上的时候，市场经济所要求的人的素质却没能紧紧跟上，或者说人心向恶，时时都要重典伺候。这说明科技可以解决技术问题，但也只能解决技术问题，它对道德或个人偏好无能为力。三位经济学家得出的所谓"市场不是万能的""信息是有价值的""信息本身也是市场""市场中存在摩擦和交易成本"乃至斯蒂格利茨所说的"亚当·斯密不是唯一的王牌"等，现在看来在理论上毫无新意，因为它丝毫不能解决市场经济需要解决的制度问题。

信息不对称理论对企业财务管理乃至政府职能转变都有着重要启示：

第一，充分认识新经济的特点，高度重视信息对未来经济社会可持续发展的重大影响。我们正在进入由信息业推动，以生命科学、超级材料、航天技术等新知识和新技术为基础的新经济时代。这是一个充满不确定性、高利润与高风险并存、快速多变的"风险经济"时代。在这个时代，市场经济中的信息不对称现象比比皆是，问题的关键是各行各业的决策者怎样努力掌握与了解比较充分的信息，研究生产力发展的规律和趋势，把握住经济、技术和社会的发展动向。可以预见，在新经济时代，过去的"大鱼吃小鱼"将不再是一般规律，取而代之的将是"快的吃慢的""信息充分的吃信息不充分的"，速度是新经济的自然淘汰方式。只有及时掌握比较充分的信息，才能胸有成竹，变不确定为确定，认准方向，加快发展。

第二，在政府职能转变的过程中，应注意政府对经济运行发挥作用的方式、方法的研究。市场经济不排除政府对市场的干预，关键是要研究什么地方需要干预、用什么手段干预以及怎样干预，才能完善和发展市场经济。经济手段、法律手段和行政手段的运用，都应以相关信息的收集、研究为前提，一切唯书、唯上、照抄、照搬是不行的。特别是加入WTO、与国际接轨后，在利用市场法则方面，我们处于信息不充分的不利地位，更应早做准备，尽量避免或少走弯路。

第三，重视信息资源的开发利用工作，扶持信息服务业的发展。要不断地发掘信息及其他相关要素的经济功能，并及时将其转化为现实的信息财富，努力开拓其在经济社会发展中的用途。要克服知识和观念方面的障碍，树立正确的信息意识。世界上经济发达国家把占有、开发和利用信息资源作为一项基本国策，对信息资源的开发利用工作十分普及。对于信息业就业人数占全社会就业人数的比重，美国、欧共体国家已经超过50%，澳大利亚、日本也接近50%。相比之下，我国尚处于起步阶段。为此，应积极采取措施，促进信息市场体系的构造和形成，大力扶持信息服务业的发展。特别是对高新技术领域的技术信息和经济信息的资源开发利用工作，更要组织自然科学和社会科学方面的专家学者，只争朝夕，知难而上，奋力开拓，努力争创高新技术的新优势，以此带动整个经济社会的发展。

3.3 财务管理的目标

财务管理目标又称理财目标，是指企业进行财务管理活动所要达到的根本目的，它决定着企业财务管理的基本方向。财务管理目标是一切财务活动的出发点和归宿，是评价企业理财活动是否科学合理的基本标准。财务管理目标也是企业经营目标在财务上的集中和概括，是企业一切理财活动的出发点和归宿。制定财务管理目标是现代企业财务管理成功的前提，只有有了明确合理的财务管理目标，财务管理工作才有明确的方向。因此，所有企业都必须根据自身的实际情况和市场经济体制对企业财务管理的要求，科学合理地选择、确定财务管理目标。研究企业财务管理目标，必须从影响企业财务管理的各因素入手，以便作出最佳的选择。

3.3.1 企业财务管理目标的特征

1）财务管理目标具有相对稳定性

随着宏观经济体制和企业经营方式的变化，随着人们认识的发展和深化，财务管理目标也可能发生变化。但是，宏观经济体制和企业经营方式的变化是渐进的，只有发展到一定阶段以后才会产生质变。人们的认识在达到一个新的高度以后，也需要有一个达成共识、为人所普遍接受的过程。因此，财务管理目标作为人们对客观规律性的一种概括，总的说来是相对稳定的。

2）财务管理目标具有可操作性

财务管理目标是实行财务目标管理的前提，它要起到组织动员的作用，要能够据以制定经济指标并进行分解，实现职工的目标控制，进行科学的绩效考评。这样，财务管理目标就必须具有可操作性，具体说来包括可计量、可追溯、可控制。

3）财务管理目标具有层次性

财务管理是企业管理的重要方面，财务管理目标是企业财务管理这个系统顺利运行的前提条件，同时它本身也是一个系统。各种各样的理财目标构成了一个网络，这个网络反映着各个目标之间的内在联系。财务管理目标之所以有层次性，是由企业财务管理内容和方法的多样性以及它们相互关系上的层次性决定的。

3.3.2 影响企业财务管理目标的因素

企业财务管理目标因不同历史时期、不同理财环境、不同国度经济政策而不同，归纳起来，这些目标都受到以下共同因素的影响。

1）财务管理主体

财务管理主体是指企业的财务管理活动应限制在一定的组织内，明确财务管理的空间范围。自主理财的确立，使得财务管理活动成为企业总体目标的具体体现，这为正确确立企业财务管理目标奠定了理论基础。

2）财务管理环境

财务管理环境包括经济环境、法律环境、社会文化环境等财务管理的宏观环境，以及企业类型、市场环境、采购环境、生产环境等财务管理的微观环境，同样也是影响财务管理目标的主要因素之一。

3）企业利益集团利益关系

企业利益集团是指与企业产生利益关系的群体。现代企业制度下，企业的利益集团已不是单纯的企业所有者，影响财务管理目标的利益集团包括企业所有者、企业债权人、政府和企业职工等方面，不能将企业财务管理目标仅仅归结为某一集团的目标，而应该是各利益集团利益的综合体现。

4）社会责任

社会责任是指企业在从事生产经营活动，获取正常收益的同时，应当承担相应的社会责任。企业财务管理目标和社会责任客观上存在矛盾，企业承担社会责任会造成利润和股东财富的减少，企业财务管理目标和社会责任也有一致性：首先，企业承担社会责任大多是法律所规定的，如消除环境污染、保护消费者权益等，企业财务管理目标的完成，必须以承担社会责任为前提；其次，企业积极承担社会责任，为社会多做贡献，有利于树立良好的企业形象，也有利于企业财务管理目标的实现。

3.3.3 对几种目标原则的分析评价

1）利润最大化

利润最大化目标认为，利润代表了企业新创造的财富，利润越多说明企业的财富增加得越多，且越接近企业的目标。但利润最大化目标存在以下缺点：

（1）没有明确利润最大化中"利润"的概念，这就给企业管理者提供了进行利润操纵的空间。

（2）不符合货币时间价值的理财原则。它没有考虑利润的取得时间，不符合现代企业"时间就是价值"的理财理念。

（3）不符合风险-报酬均衡的理财原则。它没有考虑利润和所承担风险的关系，增大了企业的经营风险和财务风险。

（4）没有考虑利润取得与投入资本额的关系。该利润是绝对指标，不能真正衡量企业经营业绩的优劣，也不利于本企业在同行业中竞争优势的确立。

2）股东财富最大化

股东财富最大化是指通过财务上的合理经营，为股东创造最多的财富，实现企业的财务管理目标。不可否认，它具有积极的意义。然而，该目标仍存在如下不足：

（1）适用范围存在限制。该目标只适用于上市公司，不适用于非上市公司，因此不具有普遍的代表性。

（2）不符合可控性原则。股票价格的高低受各种因素的影响，如国家政策的调整、国内外经济形势的变化、股民的心理等，这些因素对企业管理者而言是不可能完全加以控制的。

（3）不符合理财主体假设。理财主体假设认为，企业的财务管理工作应限制在每一个经营上和财务上具有独立性的单位组织内，而股东财富最大化将股东这一理财主体与企业这一理财主体相混同，不符合理财主体假设。

（4）不符合证券市场的发展。证券市场既是股东筹资和投资的场所，也是债权人进行投资的重要场所，同时还是经理人市场形成的重要条件，股东财富最大化片面强调站在股东立场的资本市场的重要性，不利于证券市场的全面发展。

（5）它更多强调的是股东利益，而对其他相关者的利益重视不够。

3）企业价值最大化

企业价值最大化是指采用最优的财务结构，充分考虑资金的时间价值以及风险与报酬的关系，使企业价值达到最大。该目标的一个显著特点就是全面地考虑到了企业利益相关者和社会责任对企业财务管理目标的影响，但该目标也有许多问题需要我们去探索：

（1）企业价值计量方面存在问题。首先，把不同理财主体的自由现金流混合折现不具有可比性。其次，把不同时点的现金流共同折现不具有说服力。

（2）不易为管理者理解和掌握。企业价值最大化实际上是几个具体财务管理目标的综合体，包括股东财富最大化、债权人财富最大化和其他各种利益财富最大化，这些具体目标的衡量有不同的评价指标，使财务管理人员无所适从。

（3）没有考虑股权资本成本。在现代社会，股权资本和债权资本一样，不是免费取得的，如果不能获得最低的投资报酬，股东们就会转移资本投向。

4）利益相关者财富最大化

此观点认为，现代企业是一个由多个利益相关者组成的集合体，财务管理是正确组织财务活动、妥善处理财务关系的一项经济管理工作，财务管理目标应从更广泛、更长远的角度来找到一个更为合适的理财目标。但此观点也有明显的缺点：

（1）企业在特定的经营时期，几乎不可能使所有的利益相关者财富最大化，只能做到协调化。

（2）所设计的计量指标中销售收入、产品市场占有率是企业的经营指标，已超出了财务管理自身的范畴。

从"利润最大化"到"股东财富最大化""企业价值最大化"，再到"利益相关者财富最大化"，无疑是认识上的一大飞跃，但它们都存在着一个共同的缺点：只考虑了财务资本对企业经营活动的影响，而忽略了知识资本对企业经营活动的作用。

3.4　民营中小企业财务管理的内容

如前所述，财务管理是指企业在特定的目标下，关于买入资产、筹集资本和企业运营过程中流通的现金（营运资金），以及对利润合理进行分配的管理。财务管理是决定企业存亡的关键，是整个企业管理的心脏。简单地说，财务管理是与企业财务相关的一系列处理工作，企业要遵照国家财经法规制度进行财务控制管制，同时也要重视财务管理的原则性要求，要与企业未来的市场拓展能力紧密相连，这样才能使企业稳健有序的发展。企业在管理过程中，必须受法律法规和会计原则性要求的双重管制。

在市场竞争不断变化的过程中，企业应重视并完善财务管理工作，确保企业长期稳步的发展。企业发展离不开管理，企业生存离不开金融，所以财务管理是一个企业的生命线，这是企业管理者不可忽视的。企业财务管理的主要内容是融资、营运资金及利润分配的管理。

民营中小企业投资是期望企业在未来能够获得一定收益的行为，成功的投资是给企业带来资金增值的重要过程。所以，在投资之前进行的决策行为是不能忽视的，决策的正确与否影响着企业的未来发展。企业财务管理部门要使企业的管理者明确投资不是一拍脑门就能决定的事情，而是一项影响严重的经济行为。企业投资决策者要依照当时市场上的经济规律，给企业领导提供正确的参考，让企业领导了解在投资行为之前，应对投资项目进行更多的调查和可行性分析、投资及投资收益的准确度量，必须有效避免投资风险。民营中小企业因其内部资本的特殊性，发展能力有限，提高企业融资能力、为企业提供充足的资金来源是企业财务管理的重要方面。民营中小企业财务管理的内容主要是解决企业融资问题。关于利润分配，财务管理的职能是利用利润分配的经济杠杆作用，做好企业利润的最佳分配，从而最大限度地提高企业员工的工作效率，为企业的共同目标坚持不懈地努力。从财务管理创新的角度，全面梳理财务管理内容非常必要。

3.4.1　民营中小企业的财务预测

预测是进行科学决策的前提，它是根据所研究现象的过去信息，结合该现象的一些影响因素，运用科学的方法，预测现象将来的发展趋势，是人们认识世界的重要途径。所谓财务预测，就是财务工作者根据企业过去一段时期财务活动的资料，结合企业现在面临和即将面临的各种变化因素，运用数理统计方法，结合主观判断，来预测企业未来财务状况。

财务预测对于提高公司经营管理水平和经济效益有着十分重要的作用。这具体表现为以下方面：

（1）财务预测是进行经营决策的重要依据。管理的关键在决策，决策的关键是预测。通过预测为决策的各种方案提供依据，以供决策者权衡利弊，进行正确选择。例如，公司进行经营决策时，必然要涉及成本费用、收益以及资金需要量等问题，而这些大多需要通过财务预测进行估算。凡事预则立，不预则废。因此，财务预测直接影响到经营决策的质量。

（2）财务预测能使公司合理安排收支，提高资金使用效益。公司做好资金的筹集和使用工作，不仅需要熟知公司过去的财务收支规律，还要善于预测公司未来的资金流量，即公司在计划期内有哪些资金流入和流出，收支是否平衡。要做到瞻前顾后，长远规划，使财务管理工作处于主动地位。

（3）财务预测是提高公司管理水平的重要手段。财务预测不仅为科学的财务决策和财务计划提供支持，也有利于培养财务管理人员的超前性、预见性思维，使之居安思危，未雨绸缪。同时，财务预测中涉及大量的科学方法和现代化的管理手段，这无疑对提高财务管理人员的素质大有裨益。

需要指出的是，财务预测的作用大小受到其准确性的影响。准确性越高，作用越大；反之，则越小。影响财务预测准确性的因素可以分为主观因素和客观因素。主观因素主要指预测者的素质，如数理统计分析能力和预测经验等。客观因素主要是指企业所处内外环境的急剧变化，如像 SARS（非典型性肺炎）等突发事件。因此财务预测工作者要不断提高自己的预测能力，在实践中积累经验，提高预测的准确性。

进行预测的目的，是体现财务管理的事先性，即帮助财务人员认识和控制未来的不确定性，使对未来的无知降到最低，使财务计划的预期目标同可能变化的周围环境和经济条件保持一致，并对财务计划的实施效果做到心中有数。

为了便于研究和掌握财务预测，人们往往依据不同的标准对其进行分类：

（1）按财务预测所跨越的时间长度，财务预测分为长期预测、中期预测和短期预测。长期预测主要是指 5 年以上的财务变化以及趋势的预测，主要为企业今后长期发展的重大决策提供财务依据。中期预测主要是指 1 年以上、5 年以下的财务变化及其趋势的预测，是长期预测的细化、短期预测的基础。短期预测则是指 1 年以内的财务变化及其趋势的预测，主要为编制年度计划、季度计划等短期计划服务。

（2）按财务预测的内容，财务预测可分为资金预测、成本和费用预测、营业收入预测、利润预测和销售预测。

（3）按财务预测方法，财务预测可分为定性财务预测和定量财务预测。定性预测是通过判断事物所具有的各种因素、属性进行预测的方法。它是建立在经验判断、逻辑思维和逻辑推理基础之上的，其主要特点是利用直观的材料，依靠个人的经验的综合分析，对事物未来状况进行预测。经常采用的定性预测方法有专家会议法、菲尔调查、访问、现场观察、座谈等方法。定量预测是通过分析事物各项因素、属性的数量关系进行预测的方法。它的主要特点是根据历史数据找出其内在规律，运用连贯性原则和类推性原则，通过数学运算对事物未来状况进行数量预测。定量预测的方法有很多，应用比较广泛的有时间序列预测法（包括算术平均法、加权平均法、移动平均法、指数平滑法、最小二乘法等）、相关因素预测法（包括一元线性回归法、多元线性回归法等）、概率分析预测法（主要指马尔柯夫预测法）等。上述两类方法并不是孤立的，在进行财务预测时，经常要综合运用。

3.4.2　民营中小企业的财务决策

财务决策是对财务方案、财务政策进行选择和决定的过程，又称为短期财务决策。财务决策的目的在于确定最为令人满意的财务方案。只有确定了效果好并切实可行的方案，财务活动才能取得好的效益，完成企业价值最大化的财务管理目标。因此财务决策是整个财务管理的核心。财务决策需要有财务决策的基础与前提，财务决策则是对财务预测结果的分析与选择。财务决策是一种多标准的综合决策，决定方案取舍的，既有货币化、可计量的经济标准，又有非货币化、不可计量的非经济标准，因此决策方案往往是多种因素综合平衡的结果。

财务决策按照能否程序化，可以分为程序化财务决策和非程序化财务决策。前者指对不断重复出现的例行财务活动所做的决策，后者指对不重复出现、具有独特性的非例行财务活动所做的决策。按照决策所涉及的时间长短，可分为长期财务决策和短期财务决策。前者指所涉及时间超过一年的财务决策，后者指所涉及时间不超过一年的财务决策。

财务决策又可以按照决策所处的条件，分为确定型财务决策、风险型财务决策和非确定型财务决策。前者指对未来情况完全掌握、每种方案只有一种结果的事件的决策；次者指对未来情况不完全掌握、每种方案会出现几种结果，但可按概率确定的条件的决策；后者指对未来情况完全不掌握，每种方案会出现几种结果，且其结果不能确定的事件的决策。按照决策所涉及的内容，财务决策还可以分为投资决策、筹资决策和股利分配决策。前者指资金对外投出和内部配置使用的决策；次者指有关资金筹措的决策；后者指有关利润分配的决策。财务决策还可以分为生产决策、市场营销决策等。生产决策是指在生产领域中，对生产什么、生产多少以及如何生产等几个方面的问题作出的决策，具体包括剩余生产能力如何运用、亏损产品如何处理、联产品是否进一步加工和生产批量的确定等。

3.4.3　民营中小企业的财务计划

财务计划的编制目的是约束和控制企业的财务行为。企业的财务部门需要把实际执行情况和计划进行对比后发现差异、找出原因，并采取必要的措施，保证计划的完成。财务计划是企业以货币形式预计计划期内资金的取得与运用以及各项经营收支及财务成果的书面文件。它是企业经营计划的重要组成部分，是进行财务管理、财务监督的主要依据。财务计划是在生产、销售、物资供应、劳动工资、设备维修、技术组织等计划的基础上编制的，其目的是确立财务管理上的奋斗目标。在企业内部实行经济责任制，使生产经营活动按计划协调进行，挖掘增产节约潜力，提高经济效益。

财务计划一般分为长期计划和短期计划。

长期计划是指 1 年以上的计划，通常企业制订为期 5 年的长期计划。制订长期计划应以公司的经营理念、业务领域、地域范围、定量的战略目标为基础，长期财务计划是实现公司战略的工具。长期财务计划编制包括以下程序：编制预计财务报表、确认需要的资本、预测可用资本、建立控制资本分配和使用体系、制订修改计划的程序、建立激励报酬计划。

短期计划是指一年一度的财务预算。财务预算是以货币表示的预期结果，它是计划工作的终点，也是控制工作的起点，它把计划和控制联系起来。各企业预算的精密程度、实施范围和编制方式有很大差异。预算工作的主要好处是促使各级主管人员对自己的工作进行详细的思考和确切的计划。

3.4.4 民营中小企业的财务控制

财务控制是指对企业的资金投入及收益过程和结果进行衡量与校正，其目的是确保企业目标以及为达到此目标所制订的财务计划得以实现。现代财务理论认为，企业理财的目标以及它所反映的企业目标是股东财富最大化（在一定条件下也就是企业价值最大化）。财务控制总体目标是在确保法律法规和规章制度贯彻执行的基础上，优化企业整体资源综合配置效益，厘定资本保值和增值的委托责任目标与其他各项绩效考核标准来制定财务控制目标，它是企业理财活动的关键环节，也是确保实现理财目标的根本保证，所以财务控制将服务于企业的理财目标。

财务控制既然是指按照一定的程序与方法，确保企业及其内部机构和人员全面落实和实现财务预算的过程，它就必然具有如下特征：以价值形式为控制手段，以不同岗位、部门和层次的不同经济业务为综合控制对象，以控制日常现金流量为主要内容。

财务控制是内部控制的一个重要组成部分，是内部控制的核心，是内部控制在资金和价值方面的体现。从工业化国家发展的经验来看，企业的控制存在着宏观和微观两种不同模式。其中财务的宏观控制主要借助于金融、证券或资本市场对被投资企业直接实施影响来完成，或者通过委托注册会计师对企业实施审计来进行。前者主要反映公司治理制度、资本结构以及市场竞争等对企业的影响；后者实际上是外部审计控制，必须以确保单位经营的效率性和效果性、资产的安全性、经济信息和财务报告的可靠性为目的。它的作用主要有以下三方面：一是有助于实现公司经营方针和目标，它既是工作中的实时监控手段，也是评价标准；二是保护单位各项资产的安全和完整，防止资产流失；三是保证业务经营信息和财务会计资料的真实性和完整性。

财务控制的七大方式包括：

（1）组织规划。根据财务控制的要求，单位在确定和完善组织结构的过程中，应当遵循不相容职务相分离的原则，即一个人不能兼任同一部门财务活动中的不同职务。单位的经济活动通常划分为五个步骤：授权、签发、核准、执行和记录。如果上述每一步骤由相对独立的人员或部门实施，就能够保证不相容职务的分离，便于财务控制作用的发挥。

（2）授权批准。授权批准控制指对单位内部部门或职员处理经济业务的权限控制。单位内部某个部门或某个职员在处理经济业务时，必须经过授权批准才能进行，否则就无权审批。授权批准控制可以保证单位既定方针的执行和限制滥用职权。授权批准的基本要求是：首先，要明确一般授权与特定授权的界限和责任；其次，要明确每类经济业务的授权批准程序；再次，要建立必要的检查制度，以保证经授权后所处理的经济业务的工作质量。

（3）预算控制。预算控制是财务控制的一个重要方面，包括筹资、融资、采购、生产、销售、投资、管理等经营活动的全过程。其基本要求是：第一，所编制预算必须体现单位的经营管理目标，并明确责任；第二，预算在执行中，应当允许经过授权批准对预算进行调整，以便预算更加切合实际；第三，应当及时或定期反馈预算的执行情况。

（4）实物资产。实物资产控制主要包括限制接近控制和定期清查控制两种。限制接近控制是控制对实物资产及与实物资产有关的文件的接触，如现金、银行存款、有价证券和存货等，除出纳人员和仓库保管人员外，其他人员则限制接触，以保证资产的安全；定期清查控制是指定期进行实物资产清查，保证实物资产实有数量与账面记载相符，如账实不符，应查明原因，及时处理。

（5）成本控制。成本控制分粗放型成本控制和集约型成本控制。粗放型成本控制是从原材料采购到产品的最终售出进行控制的方法，具体包括原材料采购成本控制、材料使用成本控制和产品销售成本控制三个方面。集约型成本控制，一是通过改善生产技术来降低成本，二是通过产品工艺的改善来降低成本。

（6）风险控制。风险控制就是尽可能地防止和避免出现不利于企业经营目标实现的各种风险。在这些风险中经营风险和财务风险显得极为重要。经营风险是指因生产经营方面的原因给企业盈利带来的不确定，而财务风险又称筹资风险，是指由于举债而给企业财务带来的不确定性。由于经营风险和财务风险对企业的发展具有很大的影响，所以企业在进行各种决策时，必须尽力规避这两种风险。如企业举债经营，尽管可以缓解企业运转资金短缺的困难，但由于借入的资金需还本付息，到期一旦企业无力偿还债务，必然陷入财务困境。

（7）审计控制。审计控制主要是指内部审计，它是对会计的控制和再监督。内部审计是在一个组织内部对各种经营活动与控制系统的独立评价，以确定既定政策的程序是否贯彻，建立的标准是否有利于资源的合理利用以及单位的目标是否达到。内部审计的内容十分广泛，一般包括内部财务审计和内部经营管理审计。内部审计对会计资料的监督、审查，不仅是财务控制的有效手段，也是保证会计资料真实、完整的重要措施。

3.4.5 民营中小企业的财务分析

财务分析是以会计核算和报表资料及其他相关资料为依据，采用一系列专门的分析技术和方法，对企业等经济组织过去和现在有关筹资活动、投资活动、经营活动、分配活动的盈利能力、营运能力、偿债能力和增长能力状况等进行分析与评价的经济管理活动。它是为企业的投资者、债权人、经营者及其他关心企业的组织或个人了解企业过去、评价企业现状、预测企业未来作出正确决策提供准确的信息或依据的财务管理活动。

财务分析的主要工作内容包括：

（1）资金运作分析，即根据公司业务战略与财务制度，预测并监督公司现金流和各项资金使用情况，为公司的资金运作、调度与统筹提供信息与决策支持。

（2）财务政策分析，即根据各种财务报表，分析并预测公司的财务收益和风险，为公司的业务发展、财务管理政策制度的建立及调整提供建议。

（3）经营管理分析，即参与销售、生产的财务预测、预算执行分析、业绩分析，并提出专业的分析建议，为业务决策提供专业的财务支持。

（4）投融资管理分析，即参与投资和融资项目的财务测算、成本分析、敏感性分析等活动，配合上级制定投资和融资方案，防范风险，并实现公司利益的最大化。

（5）财务分析报告，即根据财务管理政策与业务发展需求，撰写财务分析报告、投资财务调研报告、可行性研究报告等，为公司财务决策提供分析支持。

会计信息在社会主义市场经济建设中以及现代商业社会经济发展中都非常重要。会计信息对于企业进行有效管理、科学管理也非常重要。但传统财务分析过于重视财务分析和分析技术，往往只通过比率及趋势分析相关指标的波动，对公司战略等非财务信息的考虑较少，对公司的战略、核心竞争力等没有足够的重视，往往只是单纯根据指标的绝对值得出相关结论，以致不能对财务指标的波动作出合理的分析结果，降低了财务信息的决策有用性。比如，公司为了实现发展战略而举债，导致资产负债率较高。如果公司的战略制定合理，战略实施后可以为企业带来效益，那么高资产负债率只是暂时的，待战略的经济效益实现后，企业自然有能力偿还这些债务。而且，之前的很长一段时间里，中国经济处于快速上升期，即使企业的战略规划不合理，其财务表现可能也十分出色。但是现在，在经历多年的高速增长之后，中国经济步入了新常态，如何实现战略式成长成为摆在中国企业面前的难题，所以将财务分析融入企业发展战略中显得愈发重要。

3.5　民营中小企业财务管理存在的问题分析

改革开放以来，特别是非公有制经济得到了宪法保护以后，我国小型和中型民营企业虽然取得了迅速的发展，但由于自身的特殊性，其财务管理出现了一些比较值得关注的问题。

3.5.1　筹融资能力不足

民营中小企业由于其自身的局限性，筹融资能力非常有限。在目前的体制中，我国民营中小企业主要是通过银行获得融资。但我们知道，银行借款条件比较苛刻，取得融资是非常困难的。虽然还有一些其他融资方式可供企业选择，比如民间资本或个人借款等，但对于急需资金发展的民营企业来说，无疑是杯水车薪。融资能力不足，再加上财务管理本身存在的一些问题，导致无论采用哪种方式，企业都很难获得发展需要的足够融资。

就银行贷款这一渠道来说，民营中小企业由于其资产实力相对单薄，可作为担保物或抵押物的资产不能满足银行条件，银行不愿意承担较大风险将大额贷款给这样的企业。而很多民营中小企业正处于成长时期，所需的资金量很大，能从银行借得的资金根本不够其发展，因此，资金缺乏问题成为企业经营中的"拦路虎"。近年来，国家对此不断出台一些新政策，以减轻企业融资难的问题，但还是没有根本解决问题。

依据现行政策，企业向银行贷款大多需要提供担保或抵押物，并向银行提供一系列的数据，而这些要求是民营中小企业很难达到的。民营中小企业一般规模较小，没有满足条件的抵押物，而且抵押之前还需要各种验保程序，手续麻烦成本高。而银行放贷条件苛刻，资金数额小，不能满足企业所需。即便是企业达到银行放贷的条件要求，银行出于安全性、风险性的综合考虑，也不愿意贷款给民营中小企业。由于民营中小企业资本构成简单，抵抗风险能力低，经不起大风大浪，稍有不慎便容易倒闭。另外，大多数民营中小企业由于管理因素或者财务管理专业水平所限制定的财务报表可能掺有水分，一个公司可能有多套报表，银行对其提供的报表的真实性、完整性有所怀疑，而鉴别这些信息的真伪也会花费较高的费用，难度系数较大，所以银行不愿意给民营中小企业发放贷款。

近年来，我国建立了一些中介服务机构，专门为民营中小企业向银行贷款做担保。由于它是新兴服务业，国家制定的很多政策还不是很完美，中小企业可能找不到愿意为其担保的大企业或政府。这些中介机构为了自身的利益，随意制定收费标准并增加收费项目，提高中小企业依靠担保公司取得贷款的成本。目前担保公司处于发展的起步阶段，考虑到民营中小企业规模较小、信用等级较低、还款能力不足等问题，担保公司为确保自身稳定发展，不愿为民营中小企业提供服务，造成其担保条件苛刻、时间过长等问题，可见这些机构没有充分发挥其作用，融资依旧存在问题。

在其他借款方面，民营中小企业也很难取得其他借款，对于小规模的企业，资本构成比较简单，抗风险能力较差，信用等级较低，其他企业单位或个人不愿意借款给中小企业。另外，尽管金融监管部门控制严格，但目前市场上仍有很多的民间资本，只要债务人每月支付 1%甚至更高的利息，企业就可以取得该借款，这样的民间资本就是俗称的"高利贷"。很多企业银行贷款不成功，便只能筹集这样的民间资本，但由于其每月高额的利息费用根本就不是民营中小企业所能负担得起的，民营中小企业为了偿还利息不得不再次借款，这样"拆东墙补西墙"的做法使得企业陷入资金短缺的漩涡，最终只能走向破产。就股权投资这一渠道来说，由于民营中小企业没有吸引人的好项目而且财务资料科学性和严谨性不够，很难具有说服力，因此也很难招商引资。谁也不愿意把自己的资金投入到风险系数太高的无底洞中，而且现在各个银行里有很多安全系数高、投资效益好的理财产品，投资者更偏爱这些理财产品而非民营中小企业。追溯这一切问题，最主要的原因就是中小企业缺乏可供抵押的资产而且财务管理的水平较低。

3.5.2 财务控制薄弱

由于没有科学的财务管理制度，民营中小企业企业盈利后，对财务管理又不严，甚至盲目的投资，无节制的购置，又造成民营中小企业资源的严重浪费。这样的现象主要有以下五种。

1）盲目投资

投资决策是企业财务管理中很重要的部分，有投资必有风险，一旦投资就很难撤资，所以在市场经济多样化的今天，盲目投资必定给企业带来无穷的灾难。

经过长久的发展，民营中小企业终于获得了一些剩余利润，自己的企业还没有站稳脚步，便开始着急扩大企业规模，盲目投资于其他行业，而没有考虑到企业的扩张与其自身经营之间的不协调。企业盲目进行多种经营，分析得不够全面，对资金风险的认识不足，降低了资金的运用效率，造成了资金周转速度减慢，新项目的亏损抵消掉企业原有项目的利润，企业的资本结构失衡，最终导致企业陷入财务困境。这些现象最重要的原因是很多投资决策者没有专业的财务知识背景而且有时候坚持一意孤行。民营中小企业的管理者对会计系统认识不足，他们大多凭借主观经验进行投资，没有科学的可行性研究报告作为参考，对投资风险和收益的合理分析不足，最终作出错误的决定，致使投资失败。即使投资项目合理，具有投资价值，但是一些企业家缺乏新项目的管理经验，还用老旧的方法管理新项目，最终也会导致投资的失败。另外，企业的财务管理专业人员未能做到对新投资进行全面的分析，没有帮助投资者作出正确的判断也是一个重要　原因。

2）存货管理混乱

大部分企业都需要购入、销售存货，这是企业经营的一部分。但是在实际管理过程中，存货管理混乱的现象发生在相当多的民营中小企业之中。存货管理的好坏关系到企业资金的占用情况，企业管理者不重视对存货的管理，浪费了企业的现金资源，会给企业带来莫大的利益损失。

大多数民营中小企业职工不足，各个部门存在互相兼职的情况，甚至一人负责全部的存货管理过程，无人定期盘点与监督。很多企业仅仅看到了现在的利润，对企业的未来经营毫无概念，企业会计流程不标准，无节制的采购并且不入库，无监督的销售并且不做销售收入、不结转成本，造成存货数量的账实不符，明细账的设置不合理，会计信息失真，影响企业资金正常流动。正常情况下，企业的存货资金占用应为 40%~50%，不应过多也不应过少。企业管理者对存货管理认识不到位，导致企业库里存货过多，资金周转不开，扰乱了企业正常的资金使用效率，无形之中给企业带来了无法估计的损失。

3）应收账款周转缓慢

很多民营中小企业本着利益最大化原则，盲目地增加销售，增加企业的经济效益，而达到这一目的最常用的手段便是信用销售，也就是赊销。信用销售必然会给企业带来债务人，大多数民营中小企业对应收账款的管理都不健全，缺少专门的收账机构，致使大比例的欠款不能按时回收，增加资金占用率，降低企业经济效益。长此以往，企业便进入了资金周转不良的恶性循环，极有可能导致破产。

4）现金管理不到位

民营中小企业管理者对现金管理的认识也不足，有些认为资金应该越多越好，财务部门总是会有很多资金，造成资金的闲置浪费。又有些部门认为资金就应该全部调动起来，过多地购置企业资产，不管有用没用，全都搬回来放着，致使企业正常周转资金不足。由于民营中小企业管理者大多就是企业所有者，他们花钱无制度，把企业的资金挪为私用，没钱便去财务部门支取，造成企业财务账目混乱。企业现金管理不到位，最终会导致企业破产。

5）成本控制不严

大多数民营中小企业内部缺乏有效的、合理的成本管理机构。对于企业成本费用的定额标准没有严格的制度。在成本费用发生前缺乏科学的预算，发生过程中的控制能力不足。领导对部分职工多报谎报成本费用的情况视而不见，造成企业资产的严重损失。

3.5.3 缺乏先进的管理理念

很多民营中小企业单纯为了追逐利润，不惜把企业全部力量都投入到销售环节。只要企业的销售收入在不断增加，企业管理者便置财务管理于不顾，对财务管理观念淡薄，管理手段落后，内部压力不足，没有建立健全的规章制度，忽略财务管理的分量。很多民营中小企业的管理者就是经营者，这样的企业往往缺乏财务管理专业人员，甚至没有专门的财务管理人员而是由会计人员或领导一人兼职。民营中小企业本着利润最大化的原则，缩减其经营成本，不愿意尝试这些新的管理方法，依旧采用老旧的方式管理企业财务，致使企业财务管理严重混乱。这样的企业在市场经济稳定发展的情况下，一般没有什么问题，一旦市场经济出现动荡，或是企业自身发生紧急危机，不规范的财务管理会给企业带来致命的一击。

3.5.4 财务管理职能缺失

民营中小企业的会计人员大多由企业管理者的亲信担任，认为这样不会出现偷款现象。但是这样的财务人员根本就没有专业的财务管理知识，没人教没人指导，根本不能胜任这份工作。他们错无改过之心，待人待事特殊化。还有很多民营中小企业为了节省开支，聘用没有经验的人员从事会计职务，这些人不懂得财务管理，只会简单的会计操作。再加上民营中小企业的工资薪酬和社会福利都较大企业低很多，不管是生产规模还是对社会的影响力以及工作的稳定性都远不及大企业，在人才市场里，中小企业也是严重缺乏人才竞争力的。很多民营中小企业没有合理的奖惩制度，对绩优员工没有一定的奖励，这就更使得人才望而止步了。此外，企业文化作为一种无形系统也深刻影响着企业对人才的吸引力，积极向上的企业文化能够引导企业走向光明大道，而消极低迷的企业文化则可以使企业走向破产。如此重要的企业文化却被民营中小企业的管理者们忽略了，使得自家企业在激烈的市场竞争中处于劣势。

很多民营中小企业的管理者都是希望职工能无休止地工作，但是超负荷的工作只能让职工被动地处理事务，没有时间顾及深层次的管理方面的问题。企业忽略对财务人员的培养，只是频繁地劳动，这会让财务人员对其工作产生厌倦，导致企业财务管理作用难以发挥。

3.5.5 相关制度的执行力度不足

企业管理者出于各种原因，忽视财务制度的严肃性和强制性，通常建立的账目都不符合规定，会计人员核算工作存在很多违规事项。即使有些企业设有规章制度，但是员工之间不愿意得罪彼此而不予履行，管理者对此也是"睁一只眼闭一只眼"，具有很大的随意性。很多民营中小企业是家族式企业，对于制度的执行更是不严格，再完善的制度也是徒有虚名。

民营中小企业的财务管理处于非常杂乱的状态，很多企业缺乏严格的财务制度，财务人员无规可循，缺乏束缚，企业管理不良现象随处可见，有碍企业发展；关于财务人员的分配，会计法规定每个企业的财务部门必须由至少两个人担任，一人为出纳，一人为会计。但是有很多中小企业的财务部门只有一个人，出纳和会计的工作是由一个人监管，这显然不符合法律规定，可能给企业带来不可追回的损失。民营中小企业的所有者大多数缺乏会计知识，也不知道怎么去控制，他们关心的只是现金的部分，只要在现金管理上不存在问题，认为企业的财务就没有问题。实际上这是一种相当错误的观念，除了现金，还有很多需要管理者严格管理的，比如存货、原材料、产成品、半成品、固定资产、应收账款乃至低值易耗品等。在一个企业中，会计信息的真实完整是财务工作的根本，但是由于领导的忽视和缺乏完整的控制机制，大多数企业的财务部门都没有完成账证相符、账实相符、账账相符的会计原则性要求。甚至为了应对税务、工商等部门的检查，企业私自设置几套账，使得账目信息混乱，这些都严重影响了会计资料的真实性，为企业决策者提供了错误的决策依据，给企业造成的损失不可估量。

3.6 我国民营中小企业财务管理存在问题的原因分析

在激烈的市场竞争中，民营中小企业的发展会受到外界各种干扰和阻碍，最主要的就是与企业有直接关系的各大银行等金融机构，这是直接导致中小企业融资成败的关键。自家企业的内部状况也是导致民营中小企业财务管理存在问题的重要原因。

3.6.1 外部原因分析

外部原因主要体现为以下两方面。

1）融资方面的外部原因

商业银行贷款门槛高。在整个市场经济中，民营中小企业要想成功，可靠的融资来源是必不可少的，此时，大多数企业都会寄希望于各大商业银行。然而绝大多数民营中小企业由于其自身的各种原因，与取得贷款的条件不符，银行执行起来会增加大量的交易费用和监督成本。商业银行考虑到自身的利益及风险分析等因素，不给民营中小企业放贷，贷款条件苛刻。近些年来，商业银行要求企业贷款需要提供抵押物或有担保人做担保，这样提高了银行放贷的安全性，但是过程相当麻烦，成本昂贵，这使得民营中小企业获得银行贷款的概率又减小了。

中介担保机制发展不健全。在银行贷款方式中，在企业没有抵押物的情况下，企业会采用担保贷款的方式，但是目前我国的担保行业发展并不完善，尚未建立专门服务于民营中小企业的机构。

企业融资还有一个方法就是证券融资。但是在我国，民营中小企业还不能进入证券市场，那里是大企业的天地，对民营中小企业的限制条件甚多。另外我国股市漂浮不定，未来发展走向不确定因素甚多，这也影响着民营中小企业的发展状况。

政府部门为了促进国民经济的发展，放宽对民营中小企业的限制，并鼓励小型和中型民营企业发展。但是由于政府部门传达命令不畅，地方政府的监管不严等，这些新出台的政策并没有充分发挥作用。此外，在国家新出台的政策中，未在财税、信贷、融资等方面建立相应体系，这些不足严重制约着企业发展。

2）其他方面的外部原因

从吸引人才上来讲，市场上的大多数人才都因为民营中小企业的规模较小，发展前景有限，不愿意去就职。与小企业相比，大企业有更合理的奖惩制度和更好的发展前景，更能吸引人才。很多劳动者为了谋求稳定的工作，会考虑在事业单位等部门或者是国有大中型企业任职，在那里能接触到更多的知识。而在小企业，自己的业务范围比较狭窄，工作也会和企业承担着一样的风险，企业破产后自己的工作就没了，为了规避风险，高级人才们也不愿选择民营中小企业。

3.6.2 内部原因分析

民营中小企业之所以存在诸多问题，不仅与企业外部环境有关，还与企业自身的内部环境密不可分。

1）融资方面的内部原因

商业银行的贷款方式主要采取抵押贷款和担保贷款，就民营中小企业而言，由于其规模小，资金实力不足，缺乏令银行满意的抵押物，抵押贷款是行不通的。又由于中小企业自身的特殊性，信誉程度较低，偿还能力不足，尚且不太完善的担保机构不愿为其提供担保，追其源头，都源于民营中小企业没有足够的资金，没有可供抵押的资产，没有抵抗风险的能力等。许多民营中小企业内部的管理体制缺失，会计体系不足，财务数据真实性不高，不能及时向银行提供正确、真实的会计资料，使得银行无法对企业进行评估，银行与企业之间信息不透明，导致企业融资难上加难。

2）投资方面的内部原因

企业发展的最终目的是获利，但是很多企业只看到了眼前利益，忽视对长久利益的追求。大部分民营中小企业本着利益至上的原则，只顾着眼前利益，盲目投资于各种行业，企业管理者只知道这样能分散风险，却没掌握好度与量，这样只会让企业的有限资产越摊越薄，缺乏对主业的供给。民营中小企业由于其自身产业较小，对外界信息情况掌握不全，不能及时了解到市场状况，这是造成企业多而乱的原因之一。又由于民营中小企业集权现象严重，而企业内部又缺乏约束机制，企业没有严格的决策机构，任何决定都由领导一人说了算，不能充分地考虑到投资的风险与利弊，致使企业管理者作出错误的投资。

3）其他方面的内部原因

很多民营中小企业都缺乏一个科学合理的效益分配政策，在利润分配时，没有考虑到企业未来的发展，因而没有作出合理的利润分配政策，打消了企业投资者对企业继续投资的积极性。

很多民营中小企业的内控制度不规范，企业的财务人员能力不足，并且法律意识薄弱，对会计工作弄虚作假，企业监督机构形同虚设。另外，大部分民营中小企业是家族式企业，具有浓厚的家族式管理的特点。这些企业领导者大多数用人唯亲，所聘请的财务人员专业素质不高，由于自身能力有限，不能专业地管理企业财务，也没有先进的财务管理理念，更不能根据企业的自身情况制定合理的财务制度，对企业未来发展毫无帮助。

4 我国民营中小企业财务管理创新的内容

本章主要研究财务管理创新的核心内容，包括观念创新、目标创新、内容创新等关键内容，为后续研究财务管理创新的对策提供系统的理论支撑。

随着我国改革开放的进一步深入，世界经济一体化和知识经济的发展，现代企业经营与管理的环境发生了本质性和根本性变化。有效的财务创新能够在环境不断变化的背景下，快速有效地整合财务资源，适时调整投融资方案和营运资本管理策略，从而更好地实现中小企业的财务目标。处于企业管理中心地位的财务管理工作，如何适应形势的变化，顺势而为，进行全方位创新，是摆在我们面前的重要课题。

4.1 财务管理观念的创新

为了在激烈的市场竞争中处于主动地位，民营中小企业必须居安思危，并把危机感转化为具体的创新策略。可以这样说，在市场经济条件下，对于中小企业来说最重要的创新就是财务管理观念创新。

4.1.1 人本化理财观念

传统的财务管理是以资金为中心，而在当今时代，重视人的管理与发展观已成为财务管理发展的基本趋势。中小企业财务管理应把对人的激励与约束放在首位，建立责、权、利相结合的财务运行机制，充分挖掘和发挥人的潜能，调动人的创造性、主体性和自觉性。

人们经常把"经营"和"管理"这两个词汇联系在一起，很多人也因此认为"企业经营"就是"企业管理"。全世界第一个把"经营"同"管理"概念明确区分开来的人是法国的法约尔。他在 1916 年出版的《工业管理和一般管理》一书中指出，经营不同于管理。经营是以顾客为核心，充分满足市场需求甚至创造需求，以追求企业最大效益为目的；管理是以员工为核心，充分调动人的积极性和创造性，以追求企业最优效率为目标。总的来看，经营和管理，一个眼睛向外、一个眼睛向内，它们好比是企业的两只手，缺一不可，完整构成企业家工作的全部。

随着并购重组浪潮的风起云涌，在追求最大效益这个目的下，经营又逐渐分成产品经营和资本运营两种截然不同的形式。产品经营仍然致力于如何满足顾客需求，如何创造产品品牌，如何提高技术含量，如何降低生产成本，在最大限度获取利润的同时也实现企业规模扩张；资本运营则是充分利用资本市场，其手段包括在资本市场上不断融资、不断兼并收购企业甚至不断重组或者卖出手中的企业，最终在实现资本扩张的同时也实现企业规模扩张。与前者相比，后者买卖的不是产品而是企业，走的是一条外延扩张的路，规模扩张的速度自然就比前者来得更快，或者说就更容易"做大"。正因为如此，人们也把"资本运营"称为"做乘法"，而把"产品经营"称为"做加法"。当然，"做乘法"的风险要比"做加法"大得多，因为"乘法"做得不好就会变成"除法"，而"加法"做得不好只不过是变成"减法"。

为了不让"乘法"变成"除法"，或者"加法"变成"减法"，其关键就在于"管理"。事实上，当很多企业家为了产品经营或资本运营方面的事情忙得焦头烂额、穷于对各种危机进行管理的时候，他们并不知道，其实自己面临的是一场管理的危机。很多人都知道，通过加强管理，在提升企业效率的同时也会提高企业效益，这就是大家常说的"管理出效益"。但当企业真的面临市场拓展不力或者兼并重组不顺的时候，很多人却又常常"头痛医头、脚痛医脚"，忘记了应该跳出经营的范畴，回到"管理"或者说回到"人"这个根本上去找原因。

对此，现代管理学之父彼得·德鲁克在《管理实践》一书中这样阐述："利用资源组成一家企业，若仅仅将资源按逻辑顺序汇集在一起，然后打开资本的开关，是不够的。它需要的是资源的嬗变。而这种变化是不可能来自诸如资本、原料之类无生命的资源的。它需要管理。"在所有的资源中，可以发生嬗变的只有人力资源。所谓管理，最重要的也是对人的管理，或者说"以人为本"的管理。

"以人为本"这几年几乎已经成为一个和"禁止吸烟"一样的流行语了。我们可以看到，这两个词汇在很多地方都被作为标语到处悬挂。可是，当某个理念一旦成为口号或者标语，是否能得到执行就不得不让人表示怀疑。相较而言，"禁止吸烟"至少在概念上是明确的，而"以人为本"，当被作为标语悬挂在办公室的墙上或者作为口号写进企业文化手册的时候，恐怕人们还没有真正明白它的含义。

中国古代最早提出"以人为本"的应该是春秋时期齐国名相管仲。据西汉刘向的《管子·霸言》记载，管仲对齐桓公说："夫霸王之所始也，以人为本。本理则国固，本乱则国危。"而在中国历史上，践行"以人为本"最有名的则是刘备。当年曹操攻打荆州的时候，襄阳地区有很多人跟着刘备逃跑，日行十几里，难民有十几万，辎重有数千辆。曹操派出轻骑，日行一二百里，在后面疯狂追赶。眼看曹军就要追上，手下很多人都劝刘备丢弃百姓先行逃难。据陈寿的《三国志》记载，刘备当时说了这样一句话，"夫济大事者必以人为本，今人归吾，吾何忍弃去"。当时很多人感动得热泪盈眶。

我们认为，即使是刘备的"以人为本"也还不是真正的"以人为本"。当企业家嘴里念叨着"以人为本"的时候，心中大概会有这样三种情况。一种事实上是"以人为成本"，其着眼点往往是低工资、少福利、慢增长、少用人，也就是如何节约成本。一种是刘备式的"以人为资本"，用各种办法让人力发挥出更大的作用，以创造更大的效益甚至是帮助自己得天下。关心也好、爱护也罢，在这里它仅仅是手段，而绝对不是目的。还有一种，真正的"以人为本"应该是"以人为根本"，也就是一切都要以人为根本前提、以人为根本目的。

以人为根本前提，是指以人的需求为根本前提；以人为根本目的，是指以满足人的需求为根本目的。所以，以人为本，就是要以人的需求为本，就是要认真研究不同人的不同需求，并采取相应的措施去满足不同人的不同需求。马斯洛提出著名的"需求金字塔"，将人的需求层次从低到高划分为生理需求、安全需求、社交需求、受尊重的需求和自我实现的需求，其中自我实现的需求是最高层级的需求。

这五种需求好像五级由低到高的台阶，人只有首先满足较低台阶的一种需求后，才谈得上去追求更高一级的需求。很多人常常认为只有"企业文化"才需要以人为本，却忘记了如果工人连工资收入都得不到保障，甚至无法养活自己和家庭的时候，在企业里搞一些诸如员工联欢、文体比赛的"企业文化"活动去满足他的"社交需求"，只能是缘木求鱼，自然也谈不上"以人为本"。因为现在的员工在"生理和安全需求"上都得不到满足。企业首先应该做的是改善薪酬考核系统，让员工通过努力可以获得满意的报酬。这种薪酬考核系统的改善和"企业文化"似乎没有关系，但它同样是"以人为本"，或者说在这种情况下，才是真正的"以人为本"。

如果薪酬问题没有解决好，员工会不满意；但反过来，薪酬问题解决了，员工就满意了吗？美国心理学家赫兹伯格告诉我们，答案是否定的。赫兹伯格于1959年通过对匹兹堡地区11个工商业机构的200多位工程师、会计师的调查研究发现，受访人员举出的不满的项目，大都同他们的工作环境有关，而感到满意的因素，则一般与工作本身有关。据此，他提出了现代人力资源管理领域十分著名的"双因素理论"（全名叫"激励、保健因素理论"）。

传统观念认为，满意的对立面是不满意；而根据双因素理论，满意的对立面是没有满意，不满意的对立面是没有不满意。相应地，影响职工工作积极性的因素可分为两类：保健因素和激励因素。这两种因素彼此独立且以不同方式影响人们的工作行为。

所谓保健因素，就是那些造成职工不满的因素，它们的改善能够解除职工的不满，但不能使职工感到满意并激发起职工的积极性。它们主要是企业的政策、行政管理、工资水平、劳动保护、工作环境以及各种劳资关系处理等。如果组织能满足这些外部因素，组织成员也不会因此而受到激励，只是不会觉得不满意而已。所以，"不满意"的对立面是"没有不满意"。

所谓激励因素，就是那些使职工感到满意的因素，唯有它们的改善才能让职工真正感到满意，给职工以较高的激励，调动积极性，提高劳动生产率。这些真正对人有激励作用的内部因素，包括成就、认可、工作本身、责任、进步和成长等，也就是我们常说的"企业文化因素"。如果组织能够满足成员的这些内部因素，就能使他们感到满意，并达到激励组织成员的目的；如果组织没有满足这些激励因素，组织成员也不会觉得不满意，但失去了激励作用。所以，"满意"的对立面是"没有满意"。

所以，真正"以人为本"的企业管理，应该包括这样两个方面的工作：一是对保健因素的改善，包括改善工作环境、加强劳动保护、调整人事政策、改善薪酬待遇等，让员工没有不满意的地方；二是对激励因素的强化，主要是让员工从工作中获得使命感、归属感、责任感、成就感，真正让员工满意。后者属于真正的企业文化建设方面的工作。需要强调的是，虽然两者都是"以人为本"，但只有后者，才能给予员工真正的激励，也只有后者才能把员工真正凝聚在一起。这就是企业文化建设的作用之所在。

4.1.2 动态管理观念

在当今时代，企业经营随时面临着诸多不确定变化因素的挑战，中小企业在财务管理创新上必须树立动态管理观念，服从竞争需要，立足未来，根据市场信息及企业实际不断比较、分析和选择，在动态中寻找最佳平衡点，及时采取相应措施，提高管理效率。

动态管理就是企业在经营管理过程中，通过对外部环境的预测、内部数据的分析，对经营策略、管理手段进行适时调整，对计划进行修改和补充的一种管理模式。也就是说，要根据内外部环境的变化及时调整经营思路，在管理上要快速适应环境的不断变化。

民营中小企业树立动态管理理念的重点是建立动态财务信息管理系统，全面、真实地反映公司的资产、负债和损益情况，随时监控采购、库存、销售等各种财务数据变化情况,做到准确核算不同产品和各个部门的成本费用，使物流、资金流、信息流达到协调统一，最大限度地防范财务风险和提高资金利用率。

4.1.3 风险理财观念

在市场经济条件下，任何一个市场主体客观上都存在着蒙受经济损失的可能，即不可避免地承担一些风险。这种风险会随着知识经济的到来而增长。因此，中小企业财务管理人员必须树立正确的风险观，善于对环境变化带来的不确定性因素进行科学的预测，有预见性地采取各种措施，使可能遭受的风险损失尽可能最低。

风险管理（Risk Management）是指如何在项目或者企业一个肯定有风险的环境里把风险可能造成的不良影响减至最低的管理过程。风险管理也是指通过对风险的认识、衡量和分析，选择最有效的方式，主动、有目的、有计划地处理风险，以最小成本争取获得最大安全保证的管理方法。当企业面临市场开放、法规解禁、产品创新时，变化波动程度均会提高，连带增加经营的风险性。良好的风险管理有助于降低决策错误之几率、避免损失之可能、相对提高企业本身之附加价值。

风险管理作为企业的一种管理活动，起源于 20 世纪 50 年代的美国。当时美国一些大公司发生了重大损失，公司高层决策者开始认识到风险管理的重要性。其中一次是 1953 年 8 月 12 日通用汽车公司在密歇根州的某汽车变速箱厂因发生火灾损失了 5000 万美元，成为美国历史上损失最为严重的 15 起重大火灾之一。这场大火与 20 世纪 50 年代其他一些偶发事件一起，推动了美国风险管理活动的兴起。后来，随着经济、社会和技术的迅速发展，人类开始面临越来越多、越来越严重的风险。科学技术的进步在给人类带来巨大收益的同时，也给社会带来了前所未有的风险。1979 年 3 月美国三里岛核电站的爆炸事故，1984 年 12 月 3 日美国联合碳化物公司在印度的一家农药厂发生的毒气泄漏事故，1986 年苏联乌克兰切尔诺贝利核电站发生的核事故等一系列事件，引起世人的广泛关注，也间接大大推动了风险管理在世界范围内的发展。同时，在美国的商学院里首先出现了一门涉及如何对企业的人员、财产、责任、财务资源等进行保护的新型管理学科，这就是风险管理。目前，风险管理已经发展成企业管理中一个具有相对独立职能的管理领域。在围绕企业的经营和发展目标方面，风险管理和企业的经营管理、战略管理一样具有十分重要的意义。

风险管理的主要目标是以最小的成本获取最大的安全保障。因此，它不仅是一个安全生产问题，还包括风险识别、风险评估和风险处理，涉及财务、安全、生产、设备、物流、技术等多个方面，是一套完整的方案，也是一个系统工程。

财务管理创新必须要高度重视风险管理的重要作用和意义：

第一，风险管理有利于维持企业生产经营的稳定。有效的风险管理，可使企业充分了解自己所面临的风险及其性质和严重程度，及时采取措施避免或减少风险损失，或者当风险损失发生时能够得到及时补偿，从而保证企业生存并迅速恢复正常的生产经营活动。

第二，风险管理有利于提高企业的经济效益。一方面，风险管理可以降低企业的费用，从而直接增加企业的经济效益；另一方面，有效的风险管理会使企业上下获得安全感，并增强扩展业务的信心，增加领导层经营管理决策的正确性，降低企业现金流量的波动性。

第三，风险管理有利于企业树立良好的社会形象。有效的风险管理有助于创造一个安全稳定的生产经营环境，激发劳动者的积极性和创造性，为企业更好地履行社会责任创造条件，帮助企业树立良好的社会形象。

4.1.4　信息理财观念

在现代市场经济中，信息成为市场经济活动的重要媒介，而且随着知识经济时代的到来，新一轮信息技术革命使信息传播、处理和反馈的速度大大加快，从而使交易、决策可在瞬间完成，经济活动的空间变成所谓的"媒体空间"和"网上实体"。这就决定了在知识经济时代里，中小企业财务管理人员必须牢固地树立信息理财观念。

计算机、全球通信和因特网等信息技术的飞速发展和广泛应用，使科技、经济、文化和社会正在经历一场深刻的变革。20 世纪 90 年代以来，人类已经进入到以"信息化""网络化"和"全球化"为主要特征的经济发展的新时期，信息已成为支撑社会经济发展的继物质和能量之后的重要资源。它正在改变着社会资源的配置方式，改变着人们的价值观念及工作、生活方式。了解信息、信息科学、信息技术和信息社会，把握信息资源和信息管理，对于当代管理者来说，就像把握企业财务管理、人力资源管理和物流管理一样重要。

4.1.5　融资第一观念

企业融资是指企业从自身生产经营现状及资金运用情况出发，根据企业未来经营与发展策略的需要，通过一定的渠道和方式，利用内部积累或向企业的投资者及债权人筹集生产经营所需资金的一种经济活动。资金是企业体内的血液，是企业进行生产经营活动的必要条件，没有足够的资金，企业的生存和发展就没有保障。企业融资是指企业向外部有关单位和个人以及从企业内部筹措生产经营所需资金的财务活动。组织创新是指组织规则、交易的方式、手段或程序的变化。

企业融资一般是指非金融企业的长期资金来源问题。在市场经济条件下，企业融资的方式总体分为两种：一是内源融资，即将自己的积累可供使用资金转化为投资的过程；二是外源融资，是指企业外部投资人或投资机构资金注入，将资金转化为股份的过程。企业的发展主要取决于能否获得稳定的资金来源，企业融资主要是指企业在金融市场上的筹资行为。因此，企业融资与资金供给制度、金融市场、金融体制和债信文化有着密切的关系。

传统财务管理模式是自有资本的发展和延续，以自有资金为核心。市场经济条件下企业竞争成败的关键已不再是自主理财，而是资本运营、培育和扩张。因此，中小企业在财务管理中应树立融资第一的观念，优化资源结构，顺应新时代经济发展的要求，提高企业效益。

4.2　财务管理目标的创新

财务管理的目标是企业财务管理所希望实现的结果，是将财务管理战略转化为财务管理行动的中介，是财务管理活动的指导思想。长期以来，我国相当多的企业将财务管理的目标定位于产值最大化或销售收入最大化，它导致企业只讲产值、不讲效益，只讲数量、不讲质量，只抓生产、不抓销售或只抓账面销售、忽视销售质量（销售的回款情况得不到控制），只重投入、不讲挖潜。财务管理活动长期违背财务运行的规律，导致大量社会资源的低效配置，造成有限财务资源的浪费。将产值或销售收入最大化作为财务管理的目标显然与现代市场经济环境和市场经济环境下企业的经营目标不相适应。

工业经济时代的企业管理目标是"股东财富最大化"。在知识经济时代，物质资本的地位相对下降，而知识资本的地位相对上升。这一变化决定了企业财务管理目标已不再仅仅归属于股东，而应归属于"利益相关主体"。企业是利益相关者契约集合体。企业要实现其自身的可持续发展，就理应维护契约的公平和有效性，使"集合体"中各主体的利益最大化。因此，中小企业财务管理目标必须创新，必须由单一面向股东转为面向多元利益主体，由股东财富最大化目标转为满足多元主体利益目标。

党的十九大报告中就鼓励支持民营经济发展作出许多新的重大论述，为我国民营经济持续健康发展指明了方向，同时也为财务管理目标创新指明了方向。

"经济发展从速度向质量飞跃，归根到底是为满足人们对美好生活的追求，是让老百姓得到真正的好处，过上高品质的生活。当经济转向以人为本的发展模式，法治、创新、政商关系、社会价值观，特别是教育等方面的重要性，一一凸显出来。正确认识并适时解决这些关键性问题，才能确保社会主义现代化强国目标如期实现。"[1]企业是市场经济的核心主体，民营企业的发展状况是市场经济活力和健康程度的重要标志。改革开放以来，民营企业随着我国市场化改革的不断推进和经济全球化的不断融入而获得了长足的发展。近四十多年来，我国的民营经济从无到有、从小到大，成为社会主义市场经济的重要组成部分，在丰富市场、促进就业、创造税收等方面发挥着十分重要的作用。

然而，市场经济在引导企业成为自主经营、自负盈亏的市场主体的同时，客观上也强化了企业成本收益方面的刚性约束。一些企业在面临市场竞争所带来的生存发展压力下，不惜以突破责任边界、透支社会信用，甚至跨入法律禁区等方式获取暂时的高额甚至非法的"经济利润"。特别是近年来，我国

[1] 让人民成为经济发展的最大收益者——中央经济工作会议引领经济社会持续健康发展[J]. 领导科学论坛，2018（4）：2.

劳动力成本上升，能源和原材料价格上涨，以及人民币汇率波动、国际贸易保护主义等导致外贸环境恶化，这些因素都在很大程度上加大了民营企业的运营成本，削减了企业利润空间，也影响了企业履行社会责任的资金资源投入，加大了各类责任事件发生的概率。

"为了规范和促进企业社会责任的履行和实践，2002 年 1 月，我国证监会发布的《上市公司治理准则》首次明确提出了利益相关者的概念，并要求上市公司必须重视企业的社会责任。2006 年 1 月，新的《公司法》实施，其中明确要求公司从事经营活动必须'承担社会责任'，2006 年 9 月深圳证券交易所制定了《深圳证券交易所上市公司社会责任指引》，倡导上市公司积极承担社会责任。"[①]民营企业尤其是民营中小型企业的社会责任问题，已成为当前社会各界关注的重点之一。传统企业社会责任（CSR）研究的主要对象是 "Corporate"，即公司制企业，这类企业一般规模较大，市场集中度高，有相对规范的企业治理结构，履行企业社会责任的意识和能力较强。与之相比，民营中小企业在资源约束、治理机制和所面临的市场环境等方面存在较大差异。一方面，这类企业数量众多，社会影响面广，企业的生产经营行为渗入社会生活诸多方面。企业在创造就业机会、丰富市场产品、节约资源能源和保护环境等方面承载着广泛的社会责任期待，其社会责任建设具有十分重要的意义。另一方面，民营企业在履行社会责任方面存在动机和能力的差异。就单个企业而言，企业的社会责任行动相当于向社会提供了公共产品，收益归社会，成本归企业，产生正外部性经济效应，可能会导致企业的履行社会责任动机不足。由于单个民营中小企业的社会影响面小，企业的社会责任行动并不能像大型公司制企业那样获得社会关注、产生社会影响并实现经济绩效方面的回报。从能力上看，民营企业面临的生存压力更大，掌控的资源更少，企业倾向于将资源应用于解决生存发展的关键问题，而缺乏进行长期的企业社会责任建设的动力，企业为减少成本而发生负外部性行为的概率相对更高。

随着我国经济社会发展进入了"新常态"，由过去注重量的扩张转向更加强调质的提升。近年来国家在社会保障、安全生产、环境保护、缩小收入差距、提高民生水平等方面，出台了一系列重要的法律、法规和政策措施。对于我国民营企业而言，这意味着企业在未来生产经营方面面临更为严格的制度环境。与此同时，企业各利益相关方也通过责任投资、责任消费、供应链责任审核等形式，强化了对企业的社会责任诉求。企业内部安全生产、员工

---

① 姜涛. 企业社会责任、利益相关者响应与企业价值[D]. 南京:南京农业大学,2013.

权益保障等方面刚性要求的提升，客观上也对企业规范履责提出了更加严格的责任期待。

企业所面临内外环境的深刻变化，需要我们对企业的本质有科学的认识。现代企业理论将"企业"理解为各类要素以及要素所有者主体之间通过复杂的契约关系形成的契约联合。在竞争市场上，企业能否具有长期竞争优势，主要取决于企业是否掌控某种异质性的优质资源。这种资源是稀缺的，对企业业务有价值贡献。更重要的是，企业竞争者不能通过市场价格机制获取该类资源，在一定时期内无法为企业竞争者所完全模仿或替代。具备这类特征的资源构成企业核心竞争力和长期经济绩效的源泉，而拥有、掌握、提供这类资源的主体则成为企业的利益相关方。他们通过资源对企业形成不同程度的专用性投资，以此影响企业，同时他们的利益也相应受到企业经营绩效的影响。

企业承担社会责任，是企业与其利益相关者之间建立长期利益共同体关系的重要方式，是企业建构核心竞争力的一种有效手段。企业通过履行社会责任，强化并巩固与利益相关者的联系，从而获得能为其带来长期超额利润的异质性资源，构建企业竞争能力。这种依托社会责任培育和强化的利益相关方关系是企业社会关系网络的重要组成部分，而且这种关系较为稳定，不易被其他企业简单复制或解构。

企业的社会责任对于我国民营企业的发展尤为重要。党的十八届五中全会提出，实现"十三五"时期发展目标，破解发展难题，厚植发展优势，必须牢固树立并切实贯彻创新、协调、绿色、开放、共享的五大发展理念。发展是人类永恒的主题，理念是现代化前进的指引。习近平总书记在党的十九大报告中把"坚持新发展理念"作为贯彻落实习近平新时代中国特色社会主义思想十四个基本方略之一，强调"发展是解决我国一切问题的基础和关键，发展必须是科学发展，必须坚定不移贯彻创新、协调、绿色、开放、共享的发展理念"①。民营企业在创造社会财富的同时，既是企业制度创新与技术创新的重要主体，也是社会责任的主体。当前我国民营企业突破传统发展模式，实现产业结构调整升级，面临着新的更高的期待和要求。民营企业必须贯彻落实五大发展理念，结合企业所处的行业特点、地域特点、发展目标，梳理新的发展条件下各类利益相关方关系及其对企业的价值和希望，并通过制定契合自身特点和发展要求的差异化社会责任战略，以此构建企业与利益

---

① 习近平. 决胜全面建成小康社会 夺取新时代中国特色社会主义伟大胜利——在中国共产党第十九次全国代表大会上的报告[N]. 人民日报，2017-10-28（1）.

相关者之间良性、和谐、可持续的"影响路径"（The Influence-Pathways），实现企业创新和发展。

4.3 财务管理内容的创新

在现代企业制度下，出资人的财务管理可分为投资者财务管理和企业管理者财务管理两个方面。由于两者的管理目标存在差异，这必然要求企业对财务管理内容进行创新，以满足企业发展的战略管理需要，从而全面创新企业管理模式。

4.3.1 融资活动的创新

民营中小企业融资难一直是我国及世界其他国家面临的最直接、最现实、最引人关注的问题。其融资的主要特点是融资金额小、期限短、周转快、借款频率高和资金需求急。2008 年金融危机使我国中小企业融资难问题雪上加霜，许多曾经很有生命力的民营中小企业已经倒闭或处在倒闭边缘，经济增长、就业等问题突出。在金融危机和紧缩宏观经济政策的双重压力下，我国民营中小企业融资举步维艰。银监会统计数据显示，2014 年年末，中小企业银行业金融机构贷款余额 20.70 万亿元，占其总贷款余额的 23.85%，中小企业银行贷款户数 1144.6 万户，仅有 20.44%左右的中小企业获得银行贷款。由于民营中小企业存在着固定资产手续不完善、财务制度不健全、招工困难、销售市场狭窄、盈利水平低或处于亏损状态等问题，有的中小企业还没有度过生存期，流动资金不足，达不到银行贷款、债券发行、股票发行和风险投资（风险投资方式融资的占 1.5%）条件，主要靠自筹资金、向亲戚朋友借款、增加入股、借高利贷等民间融资。

近年来，作为中小企业新兴融资模式的互联网金融发展迅猛，打破了长期以来民营中小企业融资信息不对称、交易成本高、金融中介化等方面的瓶颈，为解决中小企业融资难、融资成本高发挥了积极作用。互联网金融通过"金融脱媒"，建立了直接面向小微投资者和金融消费者、以直接金融为核心的竞争型金融业态，优化了金融的资金融通和降低交易成本的功能①，互联网金融作为新生事物，其未来的发展深受学术界、业界甚至普通民众的广泛

---

① 杨东. 互联网金融风险规制路径[J]. 中国法学，2015（3）：80-97.

关注。总的来看，现在的互联网金融还处于发育、成长、探索阶段，其未来发展还存在一些不确定性，还存在自身实力不强、行业界限模糊，信用体系建设不完善、数据缺失且质量不高、法律法规和监管政策不到位等问题。因此，为促进互联网金融这一新兴金融业态的持续健康发展，更好地实施互联网金融与民营中小企业融资创新模式，我们必须既要充分遵循市场发展规律，促进互联网金融创新模式自身发展，又要探索民营中小企业在互联网金融融资模式创新下的自我完善，还要充分发挥政府与相关监管机构的重要作用，完善政策法规，守住不发生系统性风险这条底线，为充分实施中小企业互联网融资创新模式提供良好的金融生态环境。

4.3.2　投资活动的创新

在知识经济环境中，知识成为资源配置的第一要素。知识资源的拥有量是企业在市场竞争中成败的关键因素，中小企业财务管理人员应把对知识资本的培育作为投融资的重点。企业不仅要投资物质资本，还要投资"知识资本"或者说"智力资本"，以保证企业技术创新所需要的智力资本需求。

"知识经济时代见证了经济全球化迈入一个新的阶段，无形资产在全球范围内扩张，驱动着经济增长。早在 2006 年，世界银行就认为无形资产是全球范围内最有影响力的财富形式。据不完全统计，美国在 20 世纪 90 年代中期至 2000 年年初，无形资产占全要素生产率增长的 18%，对整个经济体而言，全要素生产率贡献的提高表明教育、研发、制度变革等方面的无形资产投入对经济增长贡献的上升。"[①]在知识经济时代，投资的重点由有形资产转为知识资产、无形资产，因此中小企业投资活动：一是应更加注重投"知"或投"智"活动的创新。"尽管人们对智力资本的界定还存在争议，但智力资本对于企业持续竞争优势的关键作用却得到了学术界和实务界的一致认同。智力资本与企业持续竞争优势之间的关系可以用战略管理领域中于 20 世纪 80 年代兴起的理论流派'资源基础论'来加以解释。按照'资源基础论'的观点，每个企业都是一个特殊的资源体系，不同企业所拥有或控制的资源是不同的，不仅如此，很多资源在不同企业之间往往还是难以流动的。"[②]显然，智力资本是处于资源体系核心地位的要素。二是应加强风险投资管理的创新。

---

① 汤湘希，沈将来，游宇，等．从"小会计"到"大会计"的演变——近十年我国无形资产会计研究的梳理[J]．会计与经济研究，2017，31（5）：63-75.
② 杨政，董必荣，施平．智力资本信息披露困境评析[J]．会计研究，2007（1）：15-22，92.

随着知识经济的发展，风险投资管理在财务管理中的重要性进一步提高，这就要求中小企业加强投资项目的可行性分析，并改进无形资产价值的补偿方式，以控制投资风险。"企业风险投资的特点要求企业管理者必须对所投资项目采取专业的分析和衡量，要求企业领导者必须具备很强的见解能力和独到的分析水平，不断地学习，提高自身的专业技能，应对社会市场经济的变化和复杂的特征，进而推动企业稳定发展强大。"[①]三是克服中小企业投资的盲目性。中小企业典型的管理模式是所有权与经营权的高度统一，企业的投资者同时就是经营者，容易因领导者的独断专行造成投资的盲目性。因此，要积极引导中小企业进行规范的公司化改造，优化企业资本结构，健全法人治理结构。设立董事会，促进企业决策科学化，严格按现代企业制度运作，使市场竞争力和抗风险能力不断增强。

4.3.3　财务分配活动的创新

民营中小企业财务分配是以民营中小企业为主体对企业内部的社会产品所进行的分配。企业财务分配是企业财务管理活动的一个重要组成部分。企业财务分配是在各个企业范围内分散进行的，是对企业产品总价值的分配。

"企业财务分配，当然是指企业价值分配，是企业价值化的生产成果分配。作为国民经济分配的初始环节，企业分配的公平性对于企业的可持续发展、劳资关系和谐、财务关系的良性发展、促进生产经营效率的提高和财务管理目标的实现意义重大。"[②]企业财务分配的特点有三：第一，它是物质生产领域中的初次分配，它的分配对象是全部产品价值，包括 c，v，m 三部分。通过初次分配，一部分用于生产资料耗费的补偿，一部分用于支付职工工资，剩余的部分就是剩余产品价值。企业财务与财政共同参与剩余产品价值的分配。第二，它是个别企业的非集中性分配。企业财务分配，是在国家统一政策、统一制度指导下，在财政集中性分配指导和监督下，分别在各个企业进行的非集中性分配。第三，它主要是属于维持简单再生产范围内的分配。企业财务分配对象虽然是全部产品价值，但主要是对 c 和 v 的分配。这两部分从社会再生产过程来看，都属于维持简单再生产的补偿价值，即补偿生产资料耗费和生产领域职工的个人消费。但是，随着经济体制的进一步深入，财政、财务、税收体制的改革，所有权与经营权的分离，企业成为自主经营、

---

① 孟勋彪. 关于企业风险投资管理的探讨[J]. 中国总会计师，2013（9）：116-117.

② 干胜道. 企业财务分配理论创建研究[J]. 会计之友，2014（20）：2-6.

自负盈亏的商品生产经营实体，享受自主权。企业财务不但参与剩余产品价值的分配，而且在剩余产品价值分配中占有相当的比例，主要用于满足企业自我改造与自我发展的需要。民营中小企业的剩余产品价值的分配更加具有特殊性。

一方面，企业财务分配对财政分配有着重要作用，在正确核算企业各项生产费用的基础上，能合理分配企业总收入。其中，包括提取固定资产折旧和工资基金，补偿垫支的流动资金和其他各项费用。因此，企业财务分配是否正确核算和扣除（分配）企业的补偿基金和工资基金，直接关系到企业成本的高低，影响到国民收入的正确核算，从而影响国家财政收入的真实可靠性。其次。企业总收入在扣除补偿基金和工资基金之后，形成企业纯收入。在企业纯收入既定的情况下，企业财务分配与财政分配在数量上存在着此消彼长的关系。上缴税金多了，留给企业的就少。反之亦然。由此可知，企业上缴税金的正确核算和及时解交，是国家财政分配得以实现的基本前提。如果企业财务分配片面夸大企业成本，势必相应减少利润，从而减少财政收入。

财政分配对于企业财务分配也有监督和制约作用，主要表现在如下两个方面。第一，企业成本的高低决定着企业经济效益的水平，从而决定着国家财政收入的多少。因此，为了保证国家财政收入的正确可靠，财政规定了企业成本开支范围。财政不但规定哪些费用可以摊入成本，哪些费用不准摊入成本，而且对企业成本核算和初次分配进行监督，以防止企业采取各种形式加大成本，挤占财政收入。第二，企业纯收入在国家和企业之间的分配比例，是正确处理国家、企业和劳动者个人三者分配关系的核心问题，它直接关系到国家财力和财权的集中和分散，关系到国家财政收入的多少。因此，财政必然要对企业纯收入的分配进行制约和监督。具体地说，为了保证国有企业应有的相对独立性，国家必须给予企业必要的财权和利益。但是，这些财权和利益必须受国家财政管理体制和国家财政状况的制约。企业纯收入的留缴比例，也必须受到国家财政承受力的制约，以保证国家财政的适当集中和国家财力的优先增长。在企业留利中，用于生产发展基金、新产品试制基金、后备基金、职工福利基金和奖励基金的比例，也必须受国家财政的控制和监督。只有这样，才能正确处理积累和消费的比例关系，防止国民收入的过头分配，保证国民经济协调发展。由此看出，企业财务分配必须在规模与资金分配使用的方向和比例上受国家财政分配的制约。

随着网络经济、知识经济时代的到来，改革开放进一步深入，法律制度不断完善，企业财务分配活动也面临着新的环境，必须要积极创新，才能适应发展的需要。在工业时代，物质是第一生产要素，谁拥有了物质资本，占有了生产资料，谁就享有收益的分配权。在知识经济时代，知识成为第一生产要素，因此按"知"或按"智"分配成为知识经济时代的必然选择。

4.3.4 财务管理手段的创新 —— 网络财务

网络化的财务管理给传统会计带来了冲击，具体表现在单位会计电算化管理制度不完善，传统会计电算化工作的开展还没有形成与之相配套的制度，人员管理、使用操作管理、维护管理、档案管理等各种管理及控制制度的建设和完善存在漏洞[①]。知识经济是知识化、信息化的经济，随着信息技术和互联网的普及与发展，传统的桌面式财务管理将逐渐向网络式财务管理变化。网络财务系统突破了空间局限，使物理距离变成鼠标距离，使管理能力能够在网上延伸到全球任何一个节点。众多的远程处理功能得以实现，如远程报表、远程报账、远程查账、远程审计等，强化了主管单位对下属分支机构的财务监控。网络财务的远程处理和协同业务能力使得企业财务管理向集中化管理跨进。网络财务在时间上，实现了会计核算动态化、实时化，使得财务管理从静态走向动态，极大地增强了财务处理活动的及时功能，提高了会计的价值。我国中小企业应牢牢把握住网络财务给企业经营和管理带来的机遇，使企业管理实现数字化、信息化，促进中小企业经营更上一个台阶。

4.3.5 风险管理方法创新

无论是理论研究还是管理实践都表明，随着全球一体化进程的加速，企业竞争日趋激烈，经营风险也不断增加，预算管理作为一种系统的资源配置方法，已经成为许多企业实现企业战略管理目标的重要手段和防范财务风险的控制工具[②]。风险是影响财务管理目标实现的重要因素。知识经济时代，企业资本经营呈现出高风险性，表现在：由于媒体空间的无限扩展及网上银行、电子货币的运用，资本流动加快，货币风险进一步加剧；由于高新技术的发展，产品寿命周期不断缩短，不仅加大了存货风险，而且加大了产品设

---

① 郑春旭，李佳民. 网络财务下传统会计改革创新思考[J]. 合作经济与科技，2018（2）：162-163.
② 薛纬. 基于财务风险防范的战略预算管理评价与优化研究[D]. 上海：东华大学，2013.

计、开发的风险；企业内部财务结构和金融市场的变化使财务风险更为复杂，如人力资本产权的特殊使用寿命、知识资产摊销方法的选择，会使现有资本结构不稳定，技术资本泄密、流失、被替代或超过保护期，这些都可能导致企业的破产；作为知识资本重要构成要素的企业信誉、经营关系等的变化，使企业名誉风险突出。上述原因迫切要求中小企业必须运用现代管理手段加强风险管理，确定风险管理目标，建立风险的计量、分析、报告和监督系统，以便采取恰当的风险管理政策，合理规避风险。

4.3.6 信息披露的创新

企业会计信息是否对外公开，主要取决于其社会影响及相关的法律制度。中小型企业对财务会计报告大部分进行了审计，从增加企业社会信用和维护社会公众利益出发，有必要建立科学的信息披露体系：

（1）小型企业可自行选择是否对外披露。若披露，对外披露的报表必须接受外部会计师事务所的审计，披露时间比中型企业可更长。此外，还应加强企业社会信用的宣传，营造披露信息的企业具有良好信用的氛围，给予纳税或银行信用方面的便利或优惠，促进中小型企业的会计信息披露。

（2）建立地方性的企业会计信息披露媒体和渠道，如工商、税务系统的出版物或网站，可供社会公众随时查阅。

（3）强调对成长性的披露。一般来说，中小企业板的公司通常盈利现状不太理想，但成长潜力较大，同时公司的风险也大。为了减少风险，必须对公司的盈利能力与发展前景进行披露。通过对成长性的披露，也可以让一批质地真正好的公司得到投资者或潜在投资者的青睐，以求得发展。

4.3.7 财务监管活动的创新

中小企业中约 40%都是兼职会计，还有约 10%是会计记账机构记账，大多仅限于简单记账的财务管理。这严重制约着中小企业的长远发展。在中小企业自身财务总监管理的基础上，应设立政府管理的公共财务总监机构（第三方内部审计部门），根据中小企业的行业分类，由专门的财务总监（专家团队）定期对中小企业进行财务管理的社会化监督管理，参与中小企业重大投资、经营的决策，进行行业性的财务分析，提出财务管理方面的建议和方案。

现代社会已进入创新时代，可以说"不创新则停顿，不创新则衰退"。加强财务管理的创新将是我国中小企业在新的市场经济形势下的必然选择。

5 我国民营中小企业财务管理创新的路径与对策

本章主要从加强对财务管理的认识，强化企业内部控制机制，完善财务管理制度，加强资金管理控制，建立财务风险控制机制，完善投融资体系，加强民营中小企业的投资管理等方面对我国民营中小企业财务管理创新提出对策建议。

5.1 加强对财务管理的认识

为了使民营中小企业能够更健康地发展，必须从多方面着手研究解决对策，改变管理方式。既要发挥政府职能改变宏观经济环境，又要从企业本身出发强化企业内控制度，采用有效的管理方法，提高企业的综合素质和管理能力。

财务部门是企业的心脏，财务管理工作是关乎一个企业生死成败的致命点。自古以来，有了企业便有了财务管理，从众多企业破产的原因中可以发现，一个从创业以来就发展良好的企业，其财务管理工作都是非常优秀的，相反，凡是没有重视财务管理工作的企业都濒临破产或已经破产。然而这么重要的工作，却被民营中小企业的拥有者忽视了。

近些年，民营中小企业快速发展起来，但是单纯为了追逐利润而忽略了其他的企业占很大一部分。这些企业只看重企业的销售收入，看不到销售成本中隐含着的危机，阻碍自身发展。所以，只有提高管理人员的财务意识才能加强对这些企业的治理。对此，民营中小企业就应该广泛吸收现代人才，提高企业人员的综合素质，提升对财务的新认识，提升企业发展空间。主要做法有：

1）提供优越的工作软环境

软环境的好坏是影响企业能否吸收人才的因素之一。当今社会优秀人才越来越重视内在需求，而不仅仅是优厚的工资待遇或物质生活条件。这些需求终有一天会得到，随之而来的内在需求将不断增加，比如工作成果能否得到赞赏、工作是否具有挑战性、是否每天都能激起自己的斗志、未来发展机会有多大、工作本身能否体现自己的价值等。

企业不能满足职工的这些内在需求，终究是留不住人才的。因此，民营中小企业必须尽全力提供优越的工作软环境。

2）建立良好的培训机制

"财务部门最关注的是人的问题，即如何管理人才和招聘合适的人才。在全球接受调查的财务部门负责人中，没有时间和资源来培养人才似乎是他们面临的一个普遍问题。调查显示，受访者的时间似乎都用来处理监管问题，而并非用来培养财会人才。这必将成为财务部门管理中的一项挑战。"[1]民营中小企业除鼓励企业职工不断学习以提高职业素质外，还应该设立科学合理的培训机制，集中培训企业职工，让大家互相监督、互相帮助、互利共勉共同接受培训。没有一位人才肯"原地踏步"数十年，每个人都希望自己的能力可以不断提高，所以，一个良好的培训机制也是吸引人才的策略。对此，中小规模的民营企业可以效仿一些大企业的做法，与高校联合培养企业人才。

3）构建良好的激励机制

"虽然随着教育改革的不断深入，对财务管理人员的考核评价标准进行了一定程度上的完善，但与其他部门管理人员相比，其考核评价标准还相对缺乏。财务管理人员大多被归纳为专业技术人员，其管理模式与其他专职人员基本一样，即按照上级指示对财务进行管理，其升职也大多按照上级安排进行，忽视了财务管理工作的特殊性，在很大程度上影响上财务管理人员的工作积极性。"[2]一个良好的激励机制能无限激发企业职工的工作潜能，民营中小企业正是缺乏这样的机制。激励机制的设置是否科学合理，直接关系到企业职工的积极性，一个好的激励机制能让职工工作起来更具主动性、探索性，让职工觉得实现了其内在价值。激励的方式有很多，可以从物质方面直接激励职工的积极性，也可以从非物质方面满足职工的内在需求，比如情感激励、工作激励、文化激励、职业生涯激励等。

---

① 梁淑屏. 财务人员对工作满意吗？[N]. 中国会计报，2014-04-18（008）.
② 马亚莉. 财务管理人员激励机制研究[J]. 商场现代化，2017（2）：200-201.

5.2 强化企业内部控制机制

5.2.1 完善财务管理制度

"回顾民营企业 30 年来的发展,能够完成资本原始积累,规模较大、管理规范、资本雄厚、市场竞争力强,最后真正实现嬗变的民营企业其实不多。根本原因在于,民营企业普遍存在的重生产经营、轻财务管理倾向。这其中既有民营企业主观认识不足的因素,也有客观条件的制约因素,既有民营企业内部管理不规范的问题,也有外部环境不佳的问题。制度与制度环境成了影响民营企业财务管理乃至制约民营企业发展的最大瓶颈。"[1]强化企业内部管理机制,首先要设立严密的财务管理制度,让企业职工有章可循、有法可依,还要坚持严格执行该制度。一套完整的财务管理制度能够帮助管理者有效管理企业的各个方面、规范各项操作,不仅能降低企业风险的可能性,还能加强企业会计信息的可信度,为融资提供保障。

财务部门是一个特殊的部门,是民营中小企业的心脏。然而这样一个重要的职位,有些管理者却不重视其作用,尤其是会计和出纳两个职位,有些企业是由一人兼任的,这是不合法律规定的,这样的人员设置是企业最大的隐患。所以,财务管理制度最首要的规定就是应该实行岗位分工制和轮换制。岗位分工制就是指企业的出纳和会计应由不同的人担任;岗位轮换制是指同一人担任同一职位的时间不应超过一定的期限,过期就应该换由他人担任,这样才能减少企业风险,确保企业资金或其他财产的安全。

在民营中小企业中,特别是一些家族企业中,由于担任企业会计工作的职工大部分都是企业领导的亲信等,这些人仗着自己的特殊身份,对企业的明文规定不予执行,滥用私权,有过而不罚,这在很大程度上导致了企业财务管理杂乱。"家族集权式管理是一把双刃剑,在提高财务管理效率的同时,也会加大财务风险。家族企业管理中的制度管理对基层的管理相对有效,但对家族内部高层的约束力容易失效,诱发财务风险的概率相对那些非家族企业而言比较高。"[2]因此,在民营中小企业特别是家族企业中,必须加强企业相关制度的执行力度,赏罚分明,确保企业正常运转。

建立严格的岗位责任制。岗位责任制是指企业任何一个职务都应配有一个或多个责任负责人,一旦任务没有完成或出现其他纰漏,应由该责任负责

---

① 李小安. 论民营企业财务管理制度创新[J]. 学术论坛, 2010, 33 (12): 155-158.
② 王斗霜. 我国家族企业财务管理问题研究[J]. 中国市场, 2016 (14): 65-66.

人连同承担责任，为了更好地保证工作质量，企业还应建立内部牵制制度。内部牵制制度是指某任务配有两个或两个以上责任负责人，并且各负责人之间可以相互监督制约，一旦该工作出现问题，不管是谁的过错，由全部负责人一并连带受到惩罚，彼此之间互相牵连，这样才能更好地完成属于自己的工作，也能监督他人的工作质量。

建立健全的内部稽核制度。内部稽核制度是内部会计控制制度的重要组成部分，是会计机构本身对会计核算工作进行的自我检查和审核[①]。企业内部控制的一个重要组成部分就是内部稽核制度，该制度是指由企业专设的部门对企业会计凭证、账簿、报表等会计信息进行审核的制度，主要审核这些资料是否真实可靠，业务的发生及财务收支是否合理，成本费用是否在预算之内，手续是否齐全等。

建立报销制度。中型和小型民营企业大多管理不严，报销系统紊乱，多报滥报的现象严重，造成企业现金的流失。所以民营中小企业应建立严格的报销制度，明确规定什么可以报、什么不可以报，能报多少，报销限额是多少。除此之外，企业还应建立严格的票据管理制度、现金管理制度、财务人员管理制度、财务收支管理制度等。

5.2.2　加强资金管理控制

由于民营中小企业融资困难现象非常严重，企业的外部资金来源有限，那么管理好企业的内部资金，避免内部资金的浪费，在很大程度上有助于企业顺利发展。

民营中小企业对资金管理的不严和控制上的杂乱现象非常严重。虽然现代科技已经非常发达，但是民营中小企业的日常收支仍然是以现金支付，网上银行支付还在少数，所以大量的现金支付业务需要会计人员准确无误地记录，而小企业一般财务职工不多，在现金记录过程中出现错误的可能性非常大，造成企业大量现金的流失。为此，企业应加强资金管理以确保安全，具体可以从以下方面着手：

首先，提高对现金收支的管理。民营中小企业的财务制度比较松散，存在收支并没有登记入簿的情况，这是错误的做法。不管每项收支额是多是少，企业会计人员都应如实登记入账，将现金的流入与流出真实反映出来，做到

---

① 毛蓬阁. 完善制度　加强管理　充分发挥内部稽核制度的作用[J]. 金融经济，2008（18）：139-140.

现金流量同步。其次，加强对资金的定期盘点和对账。大多数民营中小企业管理者对企业资金的具体使用情况及库存数额并不是很清楚，所以，企业会计人员应定期对资金进行盘点和对账，并将结果报告给企业领导。比如库存现金应每日核对，检查账面是否相符，各项列支是否有错误，银行存款应定期与银行对账，这样才能及时发现资金管理中的错误，并予以纠正。再次，完善对应收账款的管理。在激烈的市场竞争中，很多民营中小企业为了加速资金周转，不得不采用信用销售的办法扩大企业销售量，有应收账款的产生也是不可避免的。但是在实际操作过程中，应收账款的收回是一个令人头痛的问题，如果应收账款管理不佳，最后会导致无法收回，完善对应收账款的控制是资金管理的主要部分。为了避免坏账的产生，企业应在应收账款发生前，对客户的信用进行评定，从偿还能力、未来发展前景、经济状况等多方面进行分析，考虑应收账款收回的可能性，达到企业标准之后再决定是否进行信用销售。只在发生前的分析是不够的，企业还应在应收账款发生后，随时对其作出分析，分析账龄的长短，确定应收账款回收率，保证应收账款的安全。

5.2.3　建立财务风险控制机制

在日益激烈的市场竞争中，民营中小企业面临着各种各样的风险，其中最容易被民营中小企业管理者忽视的风险就是财务风险。所以，加强企业对财务风险的管理，建立财务风险控制机制，已经是企业发展过程中刻不容缓的任务。

1）构建财务风险识别机制

民营中小企业能够及时、准确地认清识别财务风险是企业能够避免风险的先决条件。"当今社会的经济发展离不开中小企业的发展，中小企业在现在的市场经济中占有很重要的位置，中小企业最为多见的财务风险要数在经营管理中的严重性。因此，中小企业的财务风险评价十分重要，是必不可少的。"[①]在企业日常管理过程中，企业应完善公司的管理结构，加强风险识别能力，使企业防患于未然。设置一个财务风险监督机制也是有必要的，该机制能起到严格监督企业各个部门工作的作用，使各个部门各司其职。在民营中小企业识别企业财务风险的过程中，可以根据多种财务风险指标分析财务风险存在的可能及其大小，并作出科学的避险方法。

---

① 陈蕊. 中小企业财务风险评价与控制研究[D]. 西安：西安理工大学，2017.

2）建立财务风险处理机制

在企业评估风险之后，建立一个科学的风险处置部门，能够有效降低企业风险。在此过程中，不同的方法应用于不同的风险项目。若风险系数较大，且是企业所不能承担的，企业可以选择放弃该项目，规避风险。若风险系数在企业能承受的范围之内，企业可以选择多种方式降低企业风险，比如通过设置风险转移机制，其中最常用的办法就是与保险公司建立合同，让企业的风险由保险公司来承担。企业还可以通过多元化的经营方式来分散风险，将企业风险降到最低。由此可见，一个好的财务风险处理机制，对企业是非常重要的。

3）完善财务风险控制机构

企业应该设置一个专门的、独立的风险评估机构，并配有相应的专业技术人员对风险进行专业的分析、判断、监控。这样才能及时发现企业存在的隐含风险，并且及时消除风险。

5.3 完善投融资体系

"有钱了投资盲目，没钱了融资困难"，这是民营中小企业存在问题的主要原因。因此，想要企业健康发展，必须先解决企业资金问题，完善投融资体系，这就要从投资和融资两个方面出发，根据企业内外部环境分别研究解决投融资困难的局面。

5.3.1 加强民营中小企业的投资管理

民营中小企业在决定投资前必须做足准备，要对投资项目的未来发展前景、可能存在的风险及大小、预计给企业带来的收益等做足分析。不仅如此，企业还要根据自身的资本能力进行投资，要合理地安排企业资本，在企业能承受的范围内合理投资，不能过度投资、过度占用资金，影响企业主业对资金的需求。如此，才可以让企业获得更多的收入，保证企业长久健康发展。针对民营中小企业盲目投资的问题，可以从以下几个方面着手加以改善：

1）具体分析投资可行性

在如此激烈的市场竞争中，市场经济情况无时无刻不在发生变化，企业自身的内部情况也会随着外部环境的变化而变化，存在着各种风险。因此，民营中小企业在进行投资决策前，企业应根据内外部环境变化作出全面的理论分析及论证，给出合理的投资可行性研究报告，作出科学的投资决策。可行性研究报告是在投资之前，由财务人员出具的，对投资项目的成本费用及其所带来的利润、安全、技术需求、对企业影响等多方面所做出的科学预测，给企业投资提供科学的参考对照。因此，一个企业在进行投资之前，需要一份详细的可行性研究报告，否则一旦出现投资决策的失误，给企业带来的损失将是企业所不能承担的。

2）重视投资风险

民营中小企业外部市场环境的不稳定性以及企业自身的内部变化，造成风险时刻伴随着企业，企业的每一项投资都存在着风险，影响着企业的未来。企业对该项投资未来收益的不确定性越大，该投资的风险就越大，给企业带来的影响就越大，因此，企业在进行投资时必须要实施严格的审核和管理程序，从而降低风险，给企业创造更高的收益。

3）设置投资退出机制

大多数民营中小企业在进行投资之后，不管盈利与否都很难撤资，很难平衡好投资的进入与退出之间的关系，在激烈的市场竞争中处于被动地位。为了企业的更好发展，不仅要在进行投资前做好可行性分析、风险分析，还要在进行投资后做到定期分析，设置良好的投资退出机制，一旦发现某项投资不能继续给企业带来收益，企业应立即撤资，将损失降到最低。

成功的投资决策能使企业规模逐渐扩大，达到持续经营的目的，但是民营中小企业由于其自身条件的有限性，在进行投资时必须谨慎小心，不能盲目投资。能掌控好投资的风险及防范，就是给企业安装了一个防火墙，保证企业健康发展；相反，则会使企业陷入巨大的危机。

5.3.2 改进民营中小企业融资方式

民营小微企业融资活动是企业经营的重要环节，然而融资难问题一直是阻碍民营中小企业发展的重点。要想缓解企业融资难问题，必须从企业内外两层面考虑，既要提高企业自身的实力，又要完善企业外部融资体系，为企业健康发展做准备。

1）提升企业自身实力

企业内部管理缺陷是融资难问题的关键所在。企业所处的外部市场经营环境是客观存在的，不易改变，所以从企业内部出发才能够打开小微企业融资难的困局。要想使企业在市场环境中长期立于不败之地，就要从企业内部着手解决问题。企业提升内部管理水准是企业顺利融资的必要条件。民营中小企业受一定的经营规模条件限制，工作效率不高，职工整体素质较低，最主要的是没有完整的财务管理方面的体制和稳健的内部团队组织机构。为此，首先要改变企业所有者对企业管理的思想，加强对企业管理的认识，改变长久以来"重经营，轻管理"的思想。其次要紧跟市场经济变化的步伐，完善内部管理体系，并且要严格执行所有的经营管理制度，一定要遵守财务管理相关规范和制度，加大力度提升企业信用等级水平。企业还应当树立现代营销理念，以客户为中心，重质量讲信誉，重长远利益，轻短期利益。当企业具有较好的未来发展前景时，更容易获得融资。资金短缺或周转不灵是存在于民营中小企业的常见问题，因此，要加强民营中小企业内部控制和管理力度，提高企业资金的流通性，使企业能够独立自主经营。常见的小微企业大都使用家族式管理方法，与突飞猛进的市场经济相脱节，民营中小企业必须详细了解行业环境和区域特征，再结合自身特点制定有效的经营管制计划，使自身变强大，在多变的经济环境中才能有拥有强大的抗风险能力。

民营中小企业尤其要规范金融体系，按时出具真实的财务报告能缓解银行与企业之间信息传递不及时的状况，还能减轻政府对企业监督给企业带来的负担，为企业和银行之间的融资降低风险与成本。另一方面，加强企业与银行之间的沟通，提高会计信息的透明度，让银行更了解企业的情况，便于银行对企业的监督，降低银行放贷风险。同时，企业再次向银行申请贷款时，减少银行对企业再次调查、审核的过程，为银行提供便利，提高企业获得贷款的效率，达到银企双赢的目的。

2）完善直接融资体系

近几年来，随着一些新法规的出台，民营中小企业的直接融资比重在逐渐增加，特别是中小企业板与创业板以及风险投资的设立，更是加大了这一趋势。然而，从总体来看，我国企业的直接融资还处于较原始的阶段，大部分企业的融资还仅仅依靠银行贷款，甚至一小部分企业依靠非法集资来满足融资的需求，严重扰乱了金融市场的秩序，不利于我国金融市场健康良性的发展。特别是对于广大中小企业来说，融资成为限制企业扩大与发展的重要障碍，银行贷款难以获得，直接融资依旧是可望而不可即。

规范的财务管理制度，财务信息的高透明度，是企业能够进行直接融资的保障。这就要求企业加强财务管理，在遵循诚信原则的情况下，提供准确的财务报告，以增加财务信息的透明度。在具体做法上，这主要包括以下几个方面：第一，企业的财务管理人员应该转变观念，将企业内部的各项财务管理工作与现代的企业制度接轨，并落实到企业的各个部门。第二，在保持财务稳健的情况下，最大限度地提高企业资金的使用效率，使得企业的固定资产与流动资产的分配趋于合理。第三，建立现代的供应链制度，将物资的采购、领用、生产、营销结合在一起，并加强应收账款与存货的管理，保证企业现金流的健康与稳定。

当前，完善民营中小企业直接融资体系有如下值得高度关注的地方：

（1）以天使投资为代表的风险投资。天使投资是一种民间投资，主要是指个体以私有资金对刚成立的公司或未来能够稳定发展公司进行的投资。天使投资是一种自发性的投资，它更多的是根据投资人的心情或爱好所决定的。天使投资也是一种参与性投资，投资人在投资后主动参与企业的经营管理，为被投资企业提供咨询服务、管理决策及意见等，在企业发展走向正轨后通过分红或股份转让获利。有些投资人参与投资后的管理，而另一些人则不愿意参与其中。天使投资兼顾高风险性和高收益性，可能会给投资人带来巨大的投资收益。天使投资的要求低，只要未来经营前景看好，便可能获得资金支持，更适合于刚刚起步发展不久的民营中小企业，而风险投资对这些新兴的小企业不感兴趣，更偏向于稳定的大企业。在美国，天使投资的发展已经达到成熟阶段，广泛应用于各中小企业融资。调查显示，美国每年大概有 72 万人投资于将近 50 万个高风险项目，平均每个项目将近 67 000 美元。天使投资在美国的经济市场中已经非常成熟，拥有长久的历史，美国政府对天使投资更是倾囊相助。美国小企业局（SBA）创立了一个不以营利为目的的，为众多小企业服务的网络服务中介（ACE-Net），如果有企业需要出让股份资格，经美国证券交易委员会及相关证券代理机构审核，向 ACE-Net 董事局提出融资申请，缴纳小额中介费，即可获得用户 ID 及密码，展示相关的商业计划。

在我国，正处于发展稚嫩时期的天使投资还有待进一步完善，目前还不能形成统一的整体，大多数是以单个的方式投资。跟美国相比，我们还差很远，需要做的努力还有很多。第一，加大宣传力度。我国有很多资金雄厚的个人，由于他们对创新产业的认识不足，不肯给需要资金的企业提供帮助，盲目进行投资，不仅不能为社会经济做出贡献，也减少了其自身的利益。因此，关于天使投资，设立一个专门的机构是有必要的。比如设立天使投资公司，大力宣传这些知识，设立学习课堂，让更多的投资者了解天使投资。第二，成立投资人会所。如果能把大部分民间资本集中起来，那么天使投资机制的设立会比预期更加顺利，天使投资会更快走向成熟阶段。 第三，成立投资人信息平台，充分发挥校友资源。最适合作为天使投资人的就是身边的人，并非任何人都适合做天使投资人，这时候就只好另寻他人了。除亲戚朋友之外，校友是最适合的群体，因为他们之间更愿意相信彼此。以北京大学为例，北大每年出国求学的学生不在少数，这些学生在未来肯定会有很好的工作，有较高的薪金，生活富足，若他们能遇到合适的机会，定会积极投资；另外，北大毕业成长起来的企业家们都具有较强的投资管理能力。第四，建立各种方式的撤资机制。当投资不能持续进行时，成功的撤资是投资者所需要的保障。大多数投资者在进行投资之后，便很难收回投资，这关系到天使投资在我国的发展。

我国完善天使投资产业将是一个漫长的过程，在这过程中仍有大量的民间资本被闲置，国家应充分考虑将这些资本高效地利用起来，以促进社会经济更快速地发展。既然投资者们都不愿意冒风险投资于"高收益、高风险"并且回收期长的企业，那便可以选择投资于回收期短的企业。现在市场上有很多民间资本就这样流通着，只要定期支付高额的利息费用，就可以获得资金支持，也就是市面上所说的"高利贷"。这种方式虽然不合法，但不得不说，有许多濒临破产的企业在得不到银行贷款资助的时候，正是这些不合法的资金来源使他们喘了一口气。近年来，越来越多的民间资本在暗地里集中起来，这些资产慢慢地涌向经济市场，部分区域企业的融资渠道主要是依靠民间资产。民间融资在一定程度上能够给企业带来利益，但是无制度、无体制的民间资产为整个市场的稳步发展埋下隐患。因此，解决民间资产混乱状态已刻不容缓。为了让民间金融有效运行，各国都制定了一系列的法律法规，由法律来确定民间金融的运行方向，为民营中小企业融资提供了法律保证。首先最重要的，就是将不合法的民间融资合法化，通过法律约束民间资产的自身运行，这样才能正确引导民间资本走向。

（2）完善的法律体系，有助于民间金融的发展，为了规范民间借贷行为，一个良好的法律环境是必要的。政府应为民间资本借贷建立一个合法的活动平台，制定详细合法的规章制度以约束和规范民间借贷的行为，保护民营中小企业的利益。特别是针对民间借贷的高额利率，更应该制定相应的标准，界定相关利率范围，消除"高利贷"给企业带来的隐患。同时政府应允许"地下钱庄"、金融商会等进入合法的金融体系，接受规范的管理和监督，使其正规化、合法化。其次，政府应广泛地参与扶持民间资本的发展。

民间金融机构的主要服务对象是民营中小企业，两者都有着极大的风险，因此政府应积极参与其中，扶持并权衡两者的发展。大多数国家政府，在民间金融的发展步入正轨之前，都积极配合其发展，提供适当的财政支持和政策扶持。如日本为了降低中小企业融资风险而设立中小企业信用保证体系，德、法、美等国在该国民间金融发展初期都有政府注资以助其度过发展瓶颈。可见无论是哪种参与方式，政府都起引导作用，不能过多干涉民间金融机构，使其失去民间性质或是沦为政府的附属机构，不能直接干涉民间金融机构的管理，只能通过各种方式扶持和指导，加快民间金融机构的不断发展并更好地为民营中小企业融资提供服务。除此之外，发展股票市场、债券市场和海外市场在内的多个市场也有利于提高直接融资比例，增大民营中小企业融资的概率。扩大融资来源，完善我国当前中小企业板的制度和建设，加快脚步辅助我国民营中小企业上市。国家应降低资本市场准入制度，为小企业发行债券提供政策，使民营中小企业融通资金，这必定会成为解决当前市场体制不均衡的有效手段。

3）完善间接融资体系

目前民营中小企业融资主要是通过银行等金融机构。所以，完善银行体制政策，充分发挥银行功能，建立适合中小企业需求的贷款系统，这是缓解中小企业融资难的有效手段。完善民营中小企业间接融资体系，主要从加强信用担保系统的建立和加快成立专门为中小企业提供服务的金融机构两方面入手。

加强民营中小企业信用担保体系是多方面联手努力才能起作用的，企业要担保就要有信用，而大多数民营中小企业都没有合理的信用体系，信誉程度不高，这才是企业找不到担保公司的关键因素。所以，对民营中小企业的信用进行等级划分是有必要的。信用等级划分在企业融资的过程中起着举足轻重的作用，指标的高低反映了企业信用等级的高低。指标高的企业自然更容易获得企业担保或银行贷款，这大幅度减少了融资各方的风险，带来了经济收益。有了一个可靠的信用等级划分制度，随之就应该设立一个信息平台用来发布各民营中小企业的信用等级状况，并将企业的信用动态随时上传，使大家一目了然，实现资源共享。为确保这一制度能有效运行，必须建立一个奖惩机制，并由各方力量监督完成。若是守信与不守信没有区别，都受到一样的待遇，那将不会有人继续守信，最终导致信用等级的划分制度失去可信度。比如假设某个企业有失信行为，多方力量必须用各种行政或经济手段，使失信企业受到与之行为相应的惩罚，这样才能平衡守信与失信之间的关系，使守信企业更好发展。

在加强民营中小企业信用担保体系建设的过程中，政府付出的努力是看得见的。近年来，政府部门制定了大批政策鼓励民营中小企业的发展，并且这些政策都起到了积极的作用。另一个完善民营中小企业融资体系的办法就是建立专门的金融机构，比如中小银行。中小银行是专门为民营中小企业提供服务而设立的银行，国家可以考虑建立不同于以往大银行性质的中小银行，为小企业提供便利。相对于国有大银行，中小银行具有更强的区域性，对某一地区的民营中小企业有更多的了解，中小银行同中小企业有着相同的性质，即规模较小，资金较少，中小银行负担不起大型企业的资金需求，最有利于民营中小企业融资。因此，建立一个专业的中小银行，在加强小微企业融资的同时，更能加快整个社会经济的发展。促进中小银行等金融机构的建立与发展主要有以下方面：

第一，打破大银行对融资市场的垄断。在当前的经济形势下，不管是大企业还是小企业的融资来源重点都是大型银行，而大银行资金实力雄厚，更愿意给财务实力相同的大企业提供服务，忽略小企业需求，从而造成了小企业的资金来源有限。据分析，目前国有大型银行占有 65%以上的市场份额，这必然会带来小微企业贷款难的问题。所以，政府应加快促进中小银行的发展，让中小银行与大银行形成竞争，促进整个金融业的发展，打破大银行的市场垄断现象，为民营中小企业提供更多的经济来源。

第二，分性质成立不同的金融机构。对于民营中小企业融资，区域性银行具有更强的信息优势，比如针对传统型和创新型中小企业的中小银行。大银行具有复杂的组织机构，放贷条件苛刻，审批手续繁杂，有严格的风险控制机构，对区域性的小型企业了解不多，贷款成功率低。中小银行则不然，对于更具专业性和区域性的中小银行来说，对贷款企业的信息收集更准确及时，更有利于促进民营中小企业的发展。

第三，建立政策性银行。政策性银行是指政府制定政策辅助银行资助企业融资的一种不以营利为目的的银行。中国的商业银行有很多，面对小企业融资，我国正是缺少这样一种银行。这个银行的制定标准和其他银行不一样，一定要有自己的门槛，不是"进来的门槛"而是"出去的门槛"。比如，一个企业在某政策性银行获得的融资金额达到一定限额之后，企业就不能继续在该银行获得资金了。这样的银行是不以营利为目的的，主要是为民营中小企业的发展服务，那么政府就应该给这样的银行一些政策支持，比如每年给予一定的财政拨款或在税收上给予优惠等。解决中型和小型民营企业融资难的问题，是各方力量综合作用的结果，不在一朝一夕，要长期坚持。

6 我国民营中小企业财务管理创新效应

民营中小企业加速财务管理创新，使自身的财务管理科学化、规范化，既可以使自身在激烈的市场竞争中立于不败之地，同时也可以为社会创造更多的价值。本章主要从财务管理创新的扩散效应、群聚效应、加速效应、更新效应等方面对财务管理创新的效应进行评价分析。

6.1 民营中小企业财务管理创新效应的总体评价

"现代化的财务管理的概念是全方位、多元化的，其不仅包括对企业内部的经济进行优化管理，还包括进一步建立健全企业的财务管理机制、完善企业的生产经营战略，以便企业可以更好地适应不断变化发展的市场环境。我们都知道现代企业所在的整体市场环境是充满着机遇和挑战的，每时每刻都会有企业进入和退出所在的市场领域，这是环境对企业的淘汰机制决定的，这就要求企业必须立足于自身发展的实践，从已有的条件出发对经营战略和方式方法进行不断地创新改革，特别是针对企业的财务管理出现的新问题要学会用新的方式去解决。"[1]

首先，企业财务管理创新适应了我国经济社会发展的需要，特别是适应了进一步深化改革的需要，适应了进一步对外开放的需要，适应了创新创业的需要，适应了民营中小企业走向国际的需要。随着社会经济的发展、人们的物质生活水平的提高，人民群众的眼界大大开阔了，精神需求也在不断增强，物质和文化会在世界范围内流动。因此企业财务管理也要跟上时代步伐，担负更多的创新责任。过去企业财务管理主要靠人工进行计算处理，现代通

---

[1] 金成林. 关于新形势下财务管理创新问题的探讨[J]. 人生十六七, 2017(20): 118.

信技术、网络技术没有得到充分运用。现代科技可以也必须在企业财务管理中发挥出应有的重要作用，如何应用好现代科技手段辅助企业理财，属于企业财务管理创新的重要内容。随着企业管理水平的大幅度提升，民营中小企业不仅要执行国家的财务制度来进行财务管理，还要创造性地去制定适合于企业的财务管理制度，发挥群众的积极性，真正实现民主理财和科学理财，这也需要企业财务管理创新。

其次，企业财务管理创新适应了科技革命、管理革命的需要。未来的企业竞争既是科技的竞争，也是管理的竞争。新技术、新产品、新工艺不断地被企业开发利用，而管理也在不断创新，旧的管理模式被淘汰，新的管理模式被确立。企业财务管理如果不能有效地配合科技革命和管理革命，将成为企业发展的障碍。因此企业财务管理要注意科技革命、管理革命的发展趋势，要适应新的潮流，创造出全新的企业财务管理模式。只有这样才能真正将企业引导到成功之路上去。

最后，企业财务管理创新适应了不确定因素越来越多、企业形式越来越复杂的竞争形势。企业面临的是一个快速多变的环境，各种周密计划都有可能失败。过去人们只鼓励成功，不鼓励失败；而现在人们鼓励"失败"，因为"失败"是为了创新。

只有那些能不断创新的企业才是有希望的。企业各种财务管理创新如果用传统的眼光来审视，有些大多是"错误"的，但恰恰是这些"错误"的财务管理带动企业走到新的境界。因此企业为了适应环境的变化，企业财务管理创新是非常必要的。

6.2 民营中小企业财务管理创新的扩散效应

率先进行财务管理创新的企业会获得短期超额利润，驱动众多的模仿者进入企业财务管理创新状态，引起企业财务管理创新的扩散。这种扩散过程是复杂的，既有企业内部的扩散，又有企业之间的扩散，而且扩散过程本身又会引起新的财务管理创新。

冈纳·缪尔达尔（Gurnnar Myrdal，1974 年荣获诺贝尔经济学奖）提出了著名的"回波效应"和"扩散效应"。所谓回波效应，是指经济活动正在扩张的地点和地区将会从其他地区吸引净人口流入、资本流入和贸易活动，从而加快自身发展，并减慢其周边地区发展速度。扩散效应是指所有位于经济扩张中心的周围地区，都会随着与扩张中心地区的基础设施的改善等情况，从中心地区获得资本、人才等，并被刺激促进本地区的发展，逐步赶上中心地区。

缪尔达尔在其《进退维谷的美国：黑人问题和现代民主》中提出"循环的或积累的因果关系"原理，即"累积的地区增长和下降"理论，并在《经济理论和不发达地区》（1957 年）和《亚洲戏剧：各国贫困问题考察》（1968 年）等著述中，使用"回波"和"扩散"概念，说明经济发达地区（增长极）对其他落后地区的双重作用和影响，因此而形成的"地理上的二元经济结构论"以及相应的政策主张，丰富和发展了区域经济和增长极理论。

缪尔达尔认为，社会经济发展过程是一个动态的各种因素（包括产出与收入、生产和生活水平、制度和政策六大因素）相互作用、互为因果、循环积累的非均衡发展过程。任何一个因素"起始的变化"会引致其他因素相应变化，并促成初始因素的"第二级强化运动"。如此循环往复的累积，导致经济过程沿初始因素发展的方向发展，进而提出两种循环积累因果运动及其正负效应：一种是发达地区（增长极）对周围落后地区的阻碍作用或不利影响，即"回波效应"，促进各种生产要素向增长极的回流和聚集，产生一种扩大地区间经济发展差距的运动趋势；另一种是对周围落后地区的推动作用或有利影响，即"扩散效应"，促成各种生产要素在一定发展阶段从增长极向周围不发达地区的扩散，从而产生一种缩小地区间经济发展差距的运动趋势。

由于市场机制的作用，回波效应总是先于和大于扩散效应。因为一个区域的发展速度一旦超过了平均发展速度，这一地区就获得了连续积累的竞争优势，市场的力量通常倾向于增加而不是减少区域经济差异，即在市场机制作用下，发达地区在发展过程中不断积累对自己有利的因素，而落后地区则不断积累对自己不利的因素。因此，循环积累因果的作用使经济在空间上出现了"地理二元经济"结构，即经济发达地区和经济不发达地区同时存在。

缪尔达尔寄希望于政府采取积极的干预政策（不应消极地等待发达地区或增长极的"扩散效应"）来刺激增长极周围落后地区的发展，填补累积性因果循环所造成的经济差距。后来的学者把这种情况归结为国家干预主义占上风的"诱导的增长极"现象，这是缪尔达尔增长极理论的精髓。

阿尔伯特·赫希曼（A. Hirschman）而后也提出类似的观点，即增长极产生极化效应（即回波效应）和扩散效应，并强调，尽管这两种效应会同时起作用，但在市场机制自发作用下，极化效应占支配地位，进而提出了边际不平衡增长理论，发展了约翰·弗里德曼的核心与边缘区理论。

历史上，一些发展中国家应用增长极理论的基本原理，结合本国经济发展的实际情况，发展了佩鲁的增长极理论，比如梯度推移理论与地域生产综合体理论等。

6.3 民营中小企业财务管理创新的群聚效应

企业财务管理创新在时间和空间上分布是不均衡的，有时群聚，有时稀疏；有的企业财务管理创新很频繁，而有的企业财务管理却缺少创新。

群聚效应（Critical mass）是一个社会动力学的名词，它用来描述在一个社会系统里，某件事情的存在已达至一个足够的动量，使它能够自我维持，并为往后的成长提供动力。以一个大城市做一个简单例子：若有一个人停下来抬头望天，没有人会理会他，其他路过的人会照旧继续他们要做的事情。如果有三个人停了下来抬头望天，可能会有多几个人停下来看看他们在做什么，但很快又会去继续他们原来的事。但当街上抬头望天的群众增加至 5~7 人时，其他人可能也会好奇地加入，看看他们到底在做什么。这个令群众行为转变的数量，又叫作"临界量"或"转捩点"。

"临界量"或"转捩点"可受到社会因素影响，而这些因素很可能是：人数、关联度、社会内的沟通程度或次文化。另外，"社会耻辱"（Social Stigma）或针对有关社会耻辱的公众倡导（Public Advocacy）亦与临界量相关。在政治圈里，临界量可能与大多数的共识相关，使社会中最有效的位置一般都被社会中的大众所占有。在这种情况下，大众共识的细微转变，有可能会令政治共识出现快速的转变。因为政治上的争论所依靠的工具，其效率与大多数的意见相关联。

所谓企业聚群效应，系指在一定的区域文化、制度背景下，有相互联系的企业（这些相关企业可能共存于某种特定产业），由于专业分工、资源互补等原因，依靠合作协议、承诺与信任，在某一地理区域动态聚集，从而实现产业或产业链的动态平衡的企业集合体。企业聚群效应的出现使其所在的区域具有较强的竞争优势，并在区域经济发展中起着重要的作用。

6.4 民营中小企业财务管理创新的加速效应

随着我国现代企业制度的不断完善，企业应通过建立健全内部组织结构，充分发挥财务管理预算和控制监督的职能，构建完善的财务会计制度，并建立有效的财务监督体系，加强财务控制，提高资金利用水平。不断提高企业财务管理水平，充分发挥财务管理在促进企业经济效益提升中的重要作用。

民营经济是社会主义市场经济的重要组成部分，也是稳定就业和推进技术创新的重要主体、国家税收的重要来源、经济持续健康发展的重要力量、企业家成长的重要平台。

随着中国经济发展进入新常态，民营经济也面临前所未有的新环境。国际上，世界经济仍将长期处于结构调整期，贸易保护主义有所强化、金融市场动荡不稳、全球贸易持续低迷等不确定不稳定因素增多。在国内，我国经济发展进入以速度变化、结构优化、动力转换为主要特征的新常态，资源环境约束日益趋紧，消费向个性化、多样化、多层次的方向转变，人口老龄化加快，"互联网+X"业态不断丰富，经济运行中结构性矛盾凸显，供求关系新的动态均衡正在形成。

中国民营经济发展面临一系列机遇与挑战。面临的机遇主要有 6 个：一是新型城镇化。据测算，城镇化率每提高 1 个百分点，就能拉动消费增长约 1.8 个百分点，拉动投资增长约 3.7 个百分点。新型城镇化不仅能创造巨大的消费市场和投资空间，还能通过提高非农产业的劳动参与率为民营企业提供稳定的劳动力供给。二是产业高端化与智能化。产业结构的优化升级为民营制造业迈向"高精尖"、走向价值链和产业链的中高端提供了重大机遇。三是经济服务化。我国消费呈现出的规模扩张与需求升级并存的新特点，不仅为民营企业在养老、医疗、互联网等相关产业挖掘新的经济增长点提供了机会，还有利于倒逼企业提质增效、转型升级。四是社会信息化。信息技术和互联网的快速发展，有利于培育新技术、新产品、新业态、新商业模式，形成潜在的巨大市场空间。五是发展绿色化。绿色低碳循环发展有利于开拓新能源和环保产业的发展空间，为民营企业创造绿色低碳经济机遇，同时规避绿色贸易壁垒、树立良好企业形象。六是经营国际化。依托"一带一路"建设、国际产能合作等，民营企业可以充分利用两种资源、开拓两个市场，既有利于对冲外需疲软、外贸下行的压力，又有利于应对贸易保护主义。

面临的挑战主要有：一是市场准入存在壁垒。一方面是民营企业投资领域越来越多元化；另一方面是投资障碍仍然繁多，一些民营企业面临"弹簧门""玻璃门""旋转门"的阻碍，甚至有的民间资本"想投却无处投"。二是一些民营企业在发展过程中遇到了转型的"火山"。部分作为创新主体的民营企业，面临创新能力不足而"不会创新""不能创新"，创新人才匮乏而"无法创新""不敢创新"的困境，陷入低端竞争陷阱。三是融资难、融资贵成为民营企业最普遍、最突出的问题。一方面是大量资金在金融体系内部空转，信贷资源流向实体企业受阻；另一方面是劳动力、资金、资源、土地等要素价格不断上涨，高成本进一步挤压企业的利润空间。四是制度环境和市场环境仍需改善。从总体上看，我国关于促进民营经济发展的政策法规体系在不断完善，但一些地方仍然存在产权保护力度不够、政府信用缺失、政策执行落实不到位、"官商勾结"、"为官不为"等问题，一些企业家缺乏安全感和方向感。

由此可见，加大民营中小企业财务管理创新，既可以帮助民营企业抓住机会，又可以帮助民营企业面对挑战，加速民营经济的健康发展。

6.5　民营中小企业财务管理创新的更新效应

企业财务管理创新能给企业带来巨大的收益，甚至扩大企业的市场份额。但由于创新不断被模仿，且客观上存在创新生命期，这迫使企业财务管理创新必须不断地更换、不断地推陈出新。

企业财务管理创新行为是没有边际的。一旦企业财务管理停止创新，则意味着企业财务管理开始走向衰败。

理论上，财务管理研究的进一步深入也促使现代财务管理学更新速度的加快。从纵向的角度回顾财务管理学发展的历史，我们可以看到财务管理创新的基本脉络。

在西方，15 和 16 世纪地中海沿岸一带商业蓬勃发展，财务管理开始萌芽。18 世纪发生了产业革命，过去的作坊、工场手工业的生产方式，被工厂化的机器生产方式所代替，财务活动开始复杂起来。当时主要采取独资、合伙等经营方式，企业组织比较简单，财务关系也比较单纯，其财务活动大多由企业主亲自从事。到了 19 世纪末期，随着股份公司的迅速发展和托拉斯的建立，企业规模不断扩大，企业所需资金大量增加，财务关系逐渐复杂，企业主已难以亲自从事财务管理活动，开始单独建立财务管理部门。这时管理的职能开始分离，独立的财务管理工作也就分化出来了。财务管理实践对财务管理人员提出了广泛的要求，财务管理理论也随之得到发展。

财务管理工作是近代社会化大生产的产物。在作坊、工场手工业生产方式下，财务活动比较简单，财务管理工作与会计工作是结合在一起进行的。产业革命后，特别是 19 世纪末托拉斯出现以后，企业的财务活动随之复杂化，制定投资方案、筹集经营资金、对外提供财务信息，并对利润进行分配，就构成企业经营管理中一项独立的职能：筹措、使用和分配资金。单独履行这一职能的工作即为财务管理工作。早期的财务管理以集资为主要内容。经过 20 世纪 30 年代资本主义经济大危机，西方企业经营者看到了只重视筹措资金管理的严重缺陷，在财务管理中采取了许多对资金使用加强日常监督和日常控制的措施，财务管理发展到以监督为核心。第二次世界大战以后，随着市场经济的发展和竞争的加剧，资本主义企业的财务管理工作又逐步转向以事前控制为主，在企业管理中形成较完整的财务控制系统。

中华人民共和国成立以来，我国长期实行计划经济体制，财务管理的作用和地位没有充分显现出来，发展也比较缓慢。与西方财务理论和财务管理实践相比，我国还有一定差距。我国企业的财务管理活动可以划分为以下三个阶段。

1) 财务管理与会计合二为一的阶段

这一阶段是从中华人民共和国成立初期至 20 世纪 70 年代末，大约经历了 30 年时间。在这一时期，我国实行高度集中的计划经济体制，国家统收统支、统负盈亏，企业在筹资、投资决策以及收益分配方面没有自主权。企业财务管理的重心在于内部财务管理与控制，突出地表现为对流动资金和资产的管理、对费用与成本的控制以及对经济核算的强化等方面。财务管理被视同会计核算的组成部分。

2）财务管理与会计一分为二的阶段

这一阶段是从 20 世纪 70 年代末至 80 年代末，大约经历了 10 年时间。在这一时期，中共十一届三中全会作出了改革开放的伟大决策。随着企业自主权的逐步扩大和投融资体制改革的深化，企业投资所需的资金不再简单地由国家财政无偿拨款，而是越来越多地由企业自己通过资金市场筹措。国家与企业之间的资金关系发生了变化，企业使用国家资金必须付出代价和承担责任。因此，从 20 世纪 80 年代中期起，企业财务管理的重心逐步转向筹资管理、投资管理和收益分配管理。财务管理的地位有所提高，成为企业管理的重要组成部分，并且从会计中分离出来，上升为一门独立的学科。

3）现代财务管理的确立

这一阶段始于 20 世纪 90 年代初。财务管理随着经济体制改革和国有企业改革的深化而不断得到拓展。首先，这一时期证券市场在我国得以恢复并发展迅速。我国企业融资渠道和融资方式发生了根本性的变化，证券市场成为越来越多的企业筹措资金的重要途径。长期筹资、长期投资和股利分配这三大财务决策问题，成为上市公司财务管理的重心。其次，随着国有企业改革向纵深发展，企业兼并、合并和重组活动层出不穷，如何优化资产结构、盘活存量资产和进行资本运营成为财务管理亟待考虑的问题。最后，知识经济时代的到来以及中国加入世贸组织后的进一步开放，改变了传统财务管理的目标、内容、方式和体制。财务管理目标中利益相关者与价值创造的理念逐步在理论和实务中得到认可。财务管理内容的不断深入和扩展，比如与环境相关的财务管理问题、与无形资产投资管理相关的财务管理问题等得到了重视。新的财务管理方式，如全面和综合的风险管理、外向性和可持续的发展战略、科学合理的绩效评价等逐步应用于我国企业。我国企业正在建立有效的公司财务管理结构，规范企业财务管理运行机制，健全预测、监督、激励和约束机制。所以，从这一时期开始，财务管理的作用越来越大，其在企业中的主导地位逐渐凸显。

进入 21 世纪后，社会和经济环境发生了巨大变化，企业内部条件也有了根本性的改变。此时，仍然强调要实现企业价值最大化这一财务目标，但是必须赋予它新的内容。世界经济新的变化趋势，如经济全球化和信息技术的发展和应用，为我国企业提供了不可多得的发展机会。然而，这些变化趋势也导致了竞争的加剧和新风险的产生。我国企业要充分分析企业和行业受到经济全球化和新技术变革的影响，并积极应对。

此外，我们还必须关注现代网络及技术创新对财务管理创新提出的更高更新要求。网络方面，改革开放之后，我国向着世界发展水平持续努力，获得了十分可观的成就。尽管互联网在我国的起步比较晚，然而其发展速度是相当迅猛的，给我们的生活以及思维模式等都造成了巨大影响。当今阶段，倘若没有接触互联网，则相当于文盲；同样，企业倘若不接触互联网，特别是一些大规模企业，也只会被社会淘汰。企业在发展的过程中，接触互联网并不是单纯地将自身概况呈献给社会公众，而是自身的一种蜕变和创新。除了需要利用互联网平台呈现出自身的优势，还需要利用互联网技术促进商务的数字化发展。此外，还需要基于自身的管理来达到信息共享的目的，以此提高经营管理的效率。财务管理作为企业管理的核心内容，必然是互联网变革的一个重要内容。20 世纪 90 年代之后，以互联网为代表的信息技术浪潮进一步发展，这也为企业集团化模式的发展提供了有效指导。一方面，为企业集团化模式的发展提供了全新机遇，使企业集团逐步呈现出资产规模大、管理领域广以及地域分布广泛等特征；另一方面，这也为集团财务管理工作的开展提供了有效指引，财务监控力度也持续弱化。结合这一状况来看，跨国企业集团都先后开展了信息技术革命，使得企业的管理模式有了突破性变革，尤其是财务管理方面，全新的财务管理模式不断涌现出来。我国"十三五"规划强调，要重点把握信息技术的发展态势，基于网络强国战略，进一步促进"数字中国"的发展，将信息技术和社会经济进行整合，为信息经济的发展提供有利条件。探索实施"互联网+"工程，为基层互联网模式的发展提供有效指引，加强"互联网+"生态体系的建设步伐，促进网络化新格局的产生。为了进一步促进市场经济的稳定发展，政府工作报告多次提及"互联网+"，而且它在很多行业领域都得到了运用，这也成为跨业态融合的重要表现。基于这一状况，企业的组织架构以及管理理念有了相应的变革，从而更好地满足自身发展的需求。财务管理部门是企业最为核心的部门，需要积极迎合"互联网+"态势，对自身的管理模式进行变革，从而提升在市场经济领域的竞争实力。

财务管理体系对于企业的发展至关重要，基于当前的互联网环境，企业自身的财务管理理论和财务管理实务都需要进行优化，以满足新时期的发展需求。一直以来，我国政府都十分重视企业的信息化发展概况，将信息化置于经济和社会发展的维度，利用"信息化带动工业化"的理念进行研究，而如今更是注重信息经济的发展，提出网络强国战略。立足于企业界，许多有识之士都明确指出，将互联网与信息技术进行整合、将科学的管理理念和财务管理理论进行整合，对于促进企业管理水准的提升、运作效率的提升，都是大有益处的，能够使企业获得更加可观的经济效益。这对于企业进行科学决策、促进自身经营效益以及提升核心竞争力具有重要作用。伴随企业管理以及会计的信息化发展，基于当前的互联网环境，围绕财务集中管理模式展开具体分析，利用全新的理念和方法，有效指导企业财务管理模式的更新和发展，有着很强的现实指导意义。

除了财务管理自身的技术创新，财务管理创新还有一个支持技术创新的问题。财务管理在企业管理中具有重要地位，财务提供企业发展的"血液"——资金，是企业技术创新成功与否的关键性支撑环境，企业的技术创新离不开企业财务的支持。但理论研究与实践调查的结果表明，现有的财务理论与方法已成为企业技术创新的一个瓶颈，如财务管理的重点在有形资产、技术资产不能有效地参与利润分配、财务评价指标体系中不包括技术资产评价的内容等。如不加以解决，企业技术创新必将受到很大制约，甚至失败。

技术创新属于企业战略层次的内容，其对企业的影响是深远的，需要用战略的眼光才能看清楚。然而，从经济学基础上发展起来的财务管理理论与从管理学中发展起来的企业战略理论之间自然会产生一系列矛盾，使企业财务理论不能有效地支持企业战略。这些矛盾的协调，是人们在技术创新理论与实践中要解决的关键问题。工业经济时代有形资产占主导地位，财务管理的理论与方法侧重有形资产有其历史必然性。而在技术创新占重要地位的知识经济时代，无形资产的重要性日益增加，无形资产创造的价值有超过有形资产的趋势，此时财务管理的重心应该发生转移，不能再忽视无形资产的管理。由于技术创新的高风险性，其资金来源受到传统的重视安全性、流动性的资金渠道的制约，如银行在放贷款时要求实物抵押、要求有市场份额、赢利预测等资料，而这些恰恰是技术创新开始时所没有的。因此，技术创新在目前找不到合适的资金渠道，其发展受到了制约。

在工业经济时代，决定企业生存与发展的主导要素是企业拥有的有形物质资本。如果一个企业的有形物质资本雄厚，其发展就越有优势。所以在企业里，有形物质资本的所有者就占据统治地位，其利益高于其他要素所有者的利益，并掌握企业的剩余控制权。因此在工业经济的背景下成长起来的现代财务理论与方法有着明显的时代痕迹，其利润分配依据当然就是有形物质资本。但知识经济时代的到来，扩展了资本的范围，改变了资本的结构。在企业新的资本结构中，有形物质资本的地位将相对下降，而知识资本等无形资产的地位将相对上升。利润分配由按资分配调整为按"经济要素"分配。经济要素包括土地、劳动、资本和知识。在知识经济社会中，脑力劳动成为劳动的主要形式，因此按知识或按经济要素分配财富是知识经济社会的必然选择。这种分配模式比按资分配模式更加有利于企业技术创新。

参考文献

[1] 马克思恩格斯全集：第 23 卷[M]. 北京：人民出版社，1972.

[2] 习近平. 决胜全面建成小康社会 夺取新时代中国特色社会主义伟大胜利 ——在中国共产党第十九次全国代表大会上的报告[N]. 人民日报，2017-10-28（1）.

[3] 让人民成为经济发展的最大收益者 ——中央经济工作会议引领经济社会持续健康发展[J]. 领导科学论坛，2018（4）.

[4] 谢崇林. 市场配置资源起决定性作用的哲学思辨[J]. 改革与开放，2017（9）：6-7.

[5] 谭琦. 支持我国中小企业发展的公共政策研究[D]. 成都：西南财经大学，2014.

[6] 林斐珺. 经济危机时期美国反托拉斯法实施研究[D]. 北京：中国计量学院，2014.

[7] 蔡建湖，俞凌云，韩毅. 基于收益分享契约的创新性产品供应链研发投入决策模型[J]. 科技管理研究，2016，36（12）.

[8] 徐宪红. 初创企业财务管理中存在的若干问题探讨[J]. 电子测试，2016（10）：151-152.

[9] 杨盘华. 成长性企业财务管理问题与对策[J]. 商场现代化，2006（11）：253-254.

[10] 李功网. 论企业生命周期视角下的中小企业简约管理论[J]. 科技与企业，2012（19）：82-84.

[11] 夏卫东. 民营企业财务问题研究综述[J]. 现代商业，2007（23）：102，101.

[12] 蒋才顺. 我国中小企业财务管理存在的问题及对策探析[J]. 大众科技，2011（3）：127-129.

[13] 杨丽娟. 基于企业养生学的中小企业经营之道[J]. 中国商贸，2011（2）：63-64.

[14] 王晓玲. 对中小企业财务风险管理问题的探讨[J]. 中国乡镇企业会计，

2013（5）：92-94.

[15] 刘成高，甘时勤. 我国中小企业发展存在的问题及对策[J]. 西南民族大学学报（哲学社会科学版），2002（2）：149-152.

[16] 严惟.《企业内部控制基本规范》与中小企业的生存发展[J]. 经济研究导刊，2012（30）：36，38.

[17] 李本光. 浅谈加强中小企业内部控制，防范财务风险[J]. 当代经济，2011（2）：80-81.

[18] 易琼. 中小企业融资策略浅探[J]. 财会月刊，2002（3）：17-18.

[19] 李金泽，王雨梦. 浅析中小企业融资选择的影响因素[J]. 东方企业文化，2012（15）：183.

[20] 杨芳. 滨海新区中小企业融资新模式：金融租赁及其税收支持[J]. 特区经济，2011（2）：73-74.

[21] 王忻怡. 民间金融与中小企业融资困局研究[J]. 求索，2012（9）：27-29.

[22] 李洁. 我国中小企业资本结构特征与优化探析[J]. 企业经济，2011，30（2）：16-20.

[23] 张令娟. 信息不对称对中小企业融资约束研究[J]. 中国管理信息化，2012，15（22）：39-41.

[24] 王端鹏. 新一轮机遇期来了 民企准备好起飞了吗[N]. 济南日报，2017-12-05（F04）.

[25] 曹文文. 中国虚拟经济与实体经济行业收入分配格局研究[D]. 武汉大学，2015.

[26] 王军，邹广平，石先进. 制度变迁对中国经济增长的影响 —— 基于 VAR 模型的实证研究[J]. 中国工业经济，2013（6）：70-82.

[27] 成思危. 虚拟经济与金融危机[J]. 管理评论，2003（1）：4-8，53-63.

[28] 刘俊民. 从虚拟资本到虚拟经济[M]. 济南：山东人民出版社，1998：4.

[29] 姜琰，陈柳钦. 虚拟经济、实物经济与金融危机[J]. 西南师范大学学报（人文社会科学版），2003（2）：77-81.

[30] 林火灿. 对行政性垄断坚决说"不"[N]. 经济日报，2017-12-07（5）.

[31] 张飞扬. 经济新常态下中小企业的创新发展研究[J]. 经贸实践，2018（3）：195-196.

[32] 巴蒂斯特·萨伊. 政治经济学概论[M]. 赵康英，符蕊，译. 香港：华夏出版社，2014：58.

[33] 李智临. 企业家精神研究[D]. 沈阳：沈阳师范大学，2017.

[34] 赵延军，王晓鸣. 企业家的冒险精神[J]. 中国市场，2008（27）：86-87.

[35] 万黎明. "亲"和"清"的新型政商关系研究[D]. 武汉：湖北工业大学，2017.

[36] 胡金焱，张博. 社会网络、民间融资与家庭创业 —— 基于中国城乡差异的实证分析[J]. 金融研究，2014（10）：148-163.

[37] 李新平，丁阳光. 民营中小企业融资制度比较及经验借鉴[J]. 合作经济与科技，2018（8）：51-53.

[38] 李元. 我国第三产业及内部结构动态变化实证研究[D]. 长春：吉林大学，2014.

[39] 陈飞. 西部地区承接产业转移的影响因素及效应研究[D]. 北京：中国农业大学，2013.

[40] 吴国杰. 开放经济条件下中国创新驱动研究[D]. 杭州：浙江大学，2017.

[41] 杨小娟. 我国当代边境贸易发展研究[D]. 成都：西南财经大学，2014.

[42] 朱华建. 中国企业财务管理能力体系构建与认证研究[D]. 大连：东北财经大学，2013.

[43] 樊洪. 企业资本结构、产权性质与多元化[D]. 杭州：浙江大学，2013.

[44] 张娜. 股权结构视角下财务杠杆对企业投资影响研究[D]. 上海：复旦大学，2009.

[45] 让人民成为经济发展的最大收益者 —— 中央经济工作会议引领经济社会持续健康发展[J]. 领导科学论坛，2018（4）：2.

[46] 姜涛. 企业社会责任、利益相关者响应与企业价值[D]. 南京：南京农业大学，2013.

[47] 杨东. 互联网金融风险规制路径[J]. 中国法学，2015（3）：80-97.

[48] 汤湘希，沈将来，游宇，等. 从"小会计"到"大会计"的演变 —— 近十年我国无形资产会计研究的梳理[J]. 会计与经济研究，2017，31（5）：63-75.

[49] 杨政，董必荣，施平. 智力资本信息披露困境评析[J]. 会计研究，2007（1）：15-22，92.

[50] 孟勋彪. 关于企业风险投资管理的探讨[J]. 中国总会计师，2013（9）：116-117.

[51] 干胜道. 企业财务分配理论创建研究[J]. 会计之友，2014（20）：2-6.

[52] 郑春旭，李佳民. 网络财务下传统会计改革创新思考[J]. 合作经济与科技，2018（2）：162-163.

[53] 薛绯. 基于财务风险防范的战略预算管理评价与优化研究[D]. 上海：

东华大学，2013.

[54] 梁淑屏. 财务人员对工作满意吗？[N]. 中国会计报，2014-04-18（8）.

[55] 马亚莉. 财务管理人员激励机制研究[J]. 商场现代化，2017（2）：200-201.

[56] 李小安. 论民营企业财务管理制度创新[J]. 学术论坛，2010，33（12）：155-158.

[57] 王斗霜. 我国家族企业财务管理问题研究[J]. 中国市场，2016（14）：65-66.

[58] 毛蓬阁. 完善制度 加强管理 充分发挥内部稽核制度的作用[J]. 金融经济，2008（18）：139-140.

[59] 陈蕊. 中小企业财务风险评价与控制研究[D]. 西安：西安理工大学，2017.

[60] 金成林. 关于新形势下财务管理创新问题的探讨[J]. 人生十六七，2017（20）：118.